gong.conects.com

김용재 편저

김용재
코어 CORE 공 ㅏ권

KB018195

회계학

정부회계편 **최신개정판**

· 최신 회계기준 반영

· 국가회계/지자체회계 비교식 서술

· 수석합격자의 핵심비법을 담았다

https://hmstory.kr

PROLOGUE

머리말

[1] 정부회계의 출제 경향

1. 출제 문제 수

정부회계가 출제되는 모든 시험에서 정부회계는 20문제(7급은 25문제) 중 **2문제** 가량 출제된다. 예외적으로 3문제가 출제된 적도 있었지만, 2문제가 출제된다고 보면 된다.

2. 시험별 출제 내용

관세직 수험생이 응시하는 9급 회계원리에서는 정부회계가 출제되지 않는다. 세무직 수험생이 응시하는 9급 회계학에서 국가직은 국가회계 위주로, 지방직에서는 지방자치단체회계 위주로 출제되었다. 7급에서도 국가직은 국가회계 위주로, 서울시에서는 지방자치단체회계 위주로 출제되었다.

3. 출제 유형

기존까지는 정부회계 문제가 말문제 위주로 출제되었으나, 최근 들어 계산문제도 1문제씩 포함시켜서 출제되는 경향이 있다.

가장 많이 출제되었던 내용은 5장 '자산과 부채의 평가'이다. 대부분의 기출문제가 5장에서 말문제로 출제되었다.

계산문제는 대부분 3장 '재정운영표 및 순자산변동표'에서 출제되었다. 계산문제는 정해진 유형이 있어서 기출문제를 크게 벗어나지 않으므로 기출문제를 반복해서 풀어봄으로써 반드시 맞추도록 하자.

[2] 대비 전략 : '지금까지 시험에 나왔던 내용'만 볼 것!

정부회계는 2013년부터 출제되기 시작하였다. 도입 초기에는 문제가 굉장히 간단하게 출제되었지만 이제는 기출문제가 쌓이면서 난이도가 초기에 비해서는 다소 어려워졌다. 하지만 대부분의 문제가 기출문제와 유사하게 출제되기 때문에 너무 걱정할 필요는 없다. 이제 10년 이상 기출문제가 쌓였기 때문에 출제 유형을 충분히 예측할 수 있다.

이 책에 있는 내용 중에는 이미 출제가 된 내용도 있고, 출제되지 않은 내용도 있다. 모든 내용을 완벽하게 기억하려고 하지 말자. **'이 책에 있는 모든 문제를 풀 수 있을 정도'**가 되면 성공한 것이다.

기존에 출제되지 않았던 신유형의 문제가 출제될 가능성도 있다. 하지만 겁먹지 말자. 신유형이 나올 가능성 자체도 낮을뿐더러, 나와봤자 1문제이다. 처음 보는 문제라면 '나만 어려운 것이 아니라, 다른 수험생들도 어렵다.'는 생각을 항상 하자. **'지금까지 시험에 나왔던 내용만'** 시험 범위라고 생각하고 대비를 하는 것이 효율적이다.

[3] 회계기준 읽기

본 교재의 제일 뒤에 부록으로 국가회계기준과 지방자치단체회계기준을 실어놓았다. 수업을 전부 듣고 성실히 복습한다면 규정들이 쉽게 읽힐 것이다. 분량이 20페이지밖에 안 되므로 모든 규정을 다 읽는데 많은 시간이 걸리지 않을 것이다. 코어 회계학 정부회계를 완강한 뒤에 규정을 한 번 읽어볼 것을 강추한다. 시험 직전에 정부회계를 복습할 때에도 한 번 더 읽어보자. 그 어떤 내용을 보는 것보다 훨씬 효과가 좋을 것이다.

[4] 코어 회계학 정부회계편

김수석도 수험생 때 회계학(재무, 원가, 정부) 중 가장 어려워했던 것이 정부회계이다. **정부회계는 왜 어려울까?** 핵심적인 원인은 기업회계나 원가관리회계에 비해 **시간 투입을 안 했기 때문이다.** 정부회계가 출제되는 9급, 7급 모두 전체 문제 중 10% (2문제)가 정부회계로 출제된다. 나머지 재무회계 및 원가관리회계가 90%에 달하기 때문에 상대적으로 수험생들이 정부회계에 시간 투입을 덜 한다. 시간 투입을 어설프게 하다 보니 공부를 해도 시험장에서 문제를 맞히기가 어렵다. 김수석이 항상 말하지만, **공부를 해도 못 맞히는 것보다는 차라리 그 내용을 공부 하지 않고 찍는 것이 훨씬 낫다.** 공부하면서 시간을 버리고, 시험장에서도 풀려고 애 쓰다가 시간을 버리기 때문이다.

공부의 기준은 '문제를 맞힐 수 있을 만큼'이다. 문제를 맞힐 수 있어야 공부를 한 것이 의미가 있지, 그렇지 않다면 그냥 시간을 버린 것이다. 정부회계를 공부할 것이라면 '2문제를 확실히 맞힐 수 있을 정도까지 공부하겠다.'는 생각을 하고 공부하길 바란다.

하지만 정부회계에 시간 투입을 안 하는 것이 학생들의 탓만은 아니다. 김수석이 생각할 때에는 강사의 책임도 크다고 생각한다. 기존 정부회계의 문제점은 두 가지가 있다.

첫째, 정부회계의 강의 시점이 너무 늦었다. 기존에는 개정 사항을 반영하기 위해 정부회계를 1월에 강의했었다. 일반적으로 9급 국가직 시험의 경우 4월에 치러지는데, 시험 석 달 전에 처음 배우는 내용을 시험장에서 능숙하게 풀기란 여간 쉬운 일이 아니다.

시험까지 시간이 얼마 안 남은 시점에 새로운 내용을 보는 것도 문제이지만, 더 큰 문제는 **회독 수가 부족해진다**는 것이다. 기존 커리큘럼을 따르면 재무, 원가는 기본-심화-기출에 걸쳐서 2~3번씩 보지만, 정부는 시험 직전 특강으로 1번만 보니 이해도가 떨어지는 것은 너무나도 당연하다.

이에 김수석은 정부회계 강의 시점을 심화 강의가 끝날 무렵인 10월로 당겼다. **심화 강의를 수강하면서 정부회계를 배운 후, 기출 과정에서 다시 한번 정부회계를 다룰 것이다.** 남들보다 한 번 더 봤기에 다른 수험생들에 비해 이해도가 깊을 것이며, 시험 직전에 새로운 내용을 보는 부담도 없다.

정부회계의 개정은 걱정하지 말자. 세법처럼 개정이 자주 되는 과목도 아니고, 출제할 내용이 많은데 **출제자가 개정 내용을 출제할 가능성은 정말 희박하다.** 출제자의 입장에서는 참신한 문제를 만드는 것보다 문제 오류 없이 무사히 시험이 끝나는 것이 훨씬 중요하다. 괜히 개정 내용을 건드렸다가 자신의 커리어에 흠집이 생길 수도 있는 위험한 일을 하지는 않을 것이다. 수험생 입장에서는 개정 내용을 배우는 것보다 개정 전 내용이라 하더라도 여러 번 봐서 머리에 남기는 것이 훨씬 유리하다. 개정 내용으로 배우더라도 머리에 기억이 안 남으면 헛수고한 것이다.

둘째, 국가회계와 지자체회계가 굉장히 헷갈리는데도 불구하고 **교재가 비교식으로 되어있지 않았다.** 정부회계는 국가회계기준과 지방자치단체회계기준으로 이루어져있다. 둘은 대부분 비슷하지만, 약간의 차이가 있다. 그리고 이 차이를 많이 물어보기 때문에 수험생은 이를 비교하면서 공부해야 한다.

하지만 둘이 각각이 다른 회계기준이기 때문에 시중의 모든 정부회계 교재는 '1부 국가회계기준-2부 지방자치단체회계기준'의 순서로 서술하고 있다. 이는 수험생이 아닌 저자의 편의를 고려한 배치이다. 수험생 입장에서는 국가회계와 지자체회계를 비교하면서 공부해야 하기 때문에 김수석도 수험생 때 공부를 할 때마다 책을 앞, 뒤로 뒤지면서 공부했었고, 이것이 참 불편했었다.

코어 회계학은 김수석이 좀 번거롭더라도 수험생들의 편의를 위해서 **두 개의 기준을 병렬적으로 배치해서 모든 내용에 대해서 두 기준을 비교하면서 볼 수 있게 집필하였다.** 하나의 내용에 대해 '지자체는 어떻게 하지?'라는 의문이 생기면 책을 한참 넘길 필요 없이, 같은 장에서 찾으면 된다.

저는 제가 할 수 있는 최선의 노력을 다할 것입니다. 수험생 여러분들도 여러분의 최선을 다하셔서 반드시 좋은 결과 있으시길 진심으로 기원하겠습니다.

CPA 김수석 **김용재** 드림.

[5] 카카오톡 오픈카톡방

카카오톡 오픈카톡방을 운영하고 있습니다. 공부하시다가 질문 있으시면 편하게 질문해주세요. 교재를 보시다가 모르는 문제가 있으면 찍어서 올려주세요. 무엇이든 물어보세요. 회계와 무관한 수험생활 고민 상담도 가능하고, 타 선생님 교재에 수록된 문제여도 상관없습니다. '김용재의 공무원 회계학'을 검색해보세요. 아래 QR코드로 입장하셔도 됩니다. 참여코드는 0000입니다.

CONTENTS

이 책의 차례

김 용 재 의
코어 공무원 회계학 정부회계

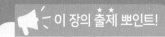
이 장의 출제 뽀인트!

01 **정부회계의 특징**

1장은 정부회계를 처음 배우는 여러분에게 정부회계가 무엇인지 간략하게 소개하는 장이다. 과거에 정부회계가 처음 도입되어 문제가 아주 기초적인 수준으로 출제되었을 때에는 정부회계의 특징을 묻는 경우도 있었으나, 최근에는 1장에서 문제가 거의 나오지 않는다.

CHAPTER

01

정부회계

정부회계

1 정부회계의 특징

1. 정부회계란?

'정부회계'는 국가회계와 지방자치단체회계를 아우르는 과목이다. 원가회계와 관리회계를 합쳐서 '원가관리회계'라고 부르는 것과 비슷한 것이라고 보면 된다.

2. 기업회계 vs 정부회계

(1) 복식부기 vs 단식부기

① 정부회계 : 예산에 의한 현금주의 및 단식부기 위주

정부회계는 예산회계에 초점을 맞추고 있다. 예산은 세입(현금 유입)과 세출(현금 유출)로 이루어져 있기 때문에 **정부회계는 주로 현금주의와 단식부기로 작성**된다.

② 정부회계도 복식부기 및 발생주의 도입

정부회계는 기존에 예산회계만을 활용했으나, 최근 들어 정부의 재무정보에 대한 수요가 점차 증가함에 따라 복식부기에 따른 발생주의를 도입하였다. **정부회계는 단식부기 및 복식부기를 모두 사용한다**는 점을 기억하자. '단식부기만 쓴다.', 혹은 '복식부기만 쓴다.'라고 언급하면 틀린 문장이다.

(2) 순자산

기업회계에서는 자산에서 부채를 차감한 잔여액을 '자본'이라고 부르지만, 정부회계에서는 자산에서 부채를 차감한 잔여액을 '순자산'이라고 부른다. 순자산은 기업회계의 자본과 두 가지 차이점을 지닌다.

① 주주의 잔여재산 청구권 개념 X

주주는 기업이 청산할 때 잔여재산에 대한 청구권을 갖는다. 하지만 정부의 순자산은 국민에게
분배하는 대상이 아니다.

② 배당의 재원 X

주주는 이익잉여금을 재원으로 배당을 수령할 수 있다. 하지만 국가는 정부로부터 배당을 받지
않는다. 순자산은 배당의 재원이 아니다.

(3) 이익에 대한 관점 : 정부회계는 이익이 났다고 해서 좋은 것이 아님!

기업회계는 기업의 이윤추구를 목적으로 하기 때문에 수익에서 비용을 차감한 이익이 클수록 좋
다. 하지만 정부회계는 이윤추구가 아닌 공공서비스 수행을 목적으로 한다. **정부회계에서 가장 바
람직한 것은** 수익과 비용이 일치하여 **이익이 0이 되는 상태**이다.

정부회계가 이익 극대화를 위해 운영한다면 국민들로부터 세금은 많이 걷고 국민들을 위한 복지는
줄일 것이다. **정부회계에서 이익이 큰 것이 바람직한 것이 아니라**는 점을 기억하자.

예제

01 중앙정부의 발생주의회계 도입효과로 볼 수 없는 것은?   2017. CPA 수정

① 과거 세입·세출결산의 경우에는 계약에 의한 국가채무만을 관리하였으나, 발생주의회계
도입으로 국가가 지급할 가능성이 있는 연금충당부채가 보고되어 국가 재정의 건전성 관
리가 강화되었다.

② 우리나라보다 먼저 발생주의 복식부기 방식의 재무제표를 작성해오던 해외 주요국가와
의 비교가 가능해지고 국가재정통계의 대외신뢰도가 제고되었다.

③ 기존의 현금주의 예산회계제도가 폐지되고 발생주의 정부회계제도로 단일화되어 국가
의 예산이 편성된 범위 내에서 효과적으로 집행되도록 관리할 수 있게 되었다.

④ 세입·세출 결산에 의존할 경우에는 개별법에 따른 보고서 작성으로 국가 전체의 자산과 부
채의 규모를 파악하기 어려웠으나 발생주의회계의 도입으로 재정상태표에서 자산과 부채
의 규모를 체계적으로 파악할 수 있게 되었다.

> **해설**
> 발생주의가 도입된 것은 맞지만 현금주의 예산회계가 사라진 것은 아니다.
>
>   답 ③

02 정부회계의 특징에 대한 설명으로 적절하지 않은 것은? 2013. 지방직 9급

① 정부회계도 기업회계와 같이 수익과 비용의 차이인 재정운영결과가 클수록 운영 성과가 좋다고 평가한다.

② 정부의 지출은 예산에 의해서 통제를 받는다.

③ 예산의 집행에 따른 기록이나 절차는 법령의 규정에 따라서 이루어진다.

④ 정부회계에는 일반회계, 특별회계, 기금회계 등 다수의 회계 실체가 존재한다.

> **▌해설**
>
> 정부회계는 수익이 크다고 해서 좋은 것이 아니다. 이익이 0인 상태가 가장 바람직하다. 나머지 선지들은 중요하지 않으니 한 번씩만 읽고 넘어가자.
>
> 冒 ①

2 정부회계의 목적 : 공공회계책임

국가회계	지자체회계
재무보고책임 : F/S 보고	재무보고책임 : F/S 보고
운영관리책임 : 잘 운영	**기간간의 형평성** : 수익-비용 대응
수탁관리책임 : 규정 준수	수탁관리책임 : 규정 준수

정부회계의 목적은 기업가치 극대화 및 이윤추구가 아니다. 정부회계의 목적을 '공공회계책임'이라고 부른다. 국가회계와 지자체회계의 공공회계책임은 위 표와 같이 구성되어 있다. 공공회계책임이 공무원 시험에 출제된 적은 없지만 CPA 시험에는 출제된 적이 있다. 각 책임의 설명이 제시되었을 때 어느 책임에 해당하는지도 중요하지만, **'기간간의 형평성'이 지자체회계에만 적용**된다는 점을 기억하자.

1. 국가회계

재무제표는 국가가 공공회계책임을 적절히 이행하였는지를 평가하는 데 필요한 다음의 정보를 제공하여야 한다.

(1) 재무보고책임 : F/S 보고!

국가의 재정상태 및 그 변동과 재정운영결과에 대한 보고

(2) 운영관리책임 : 잘 운영!

국가사업의 목적을 능률적, 효과적으로 달성하였는지에 관한 정보

(3) 수탁관리책임 : 규정 준수!

예산과 그 밖에 관련 법규의 준수에 관한 정보

2. 지자체회계 : 기간간의 형평성 포함!

재무보고는 지방자치단체가 공공회계책임을 적절히 이행하였는가 여부를 평가하는 데에 필요한 다음의 정보를 제공하여야 한다.

(1) 재무보고책임 : F/S 보고!

(2) 기간간의 형평성 : 수익-비용 대응!

당기(當期)의 수입이 당기(當期)의 서비스를 제공하기에 충분하였는지 또는 미래의 납세자가 과거에 제공된 서비스에 대한 부담을 지게 되는지에 대한 기간간 형평성에 관한 정보

 **WHY?** 기간간의 형평성이 지자체에만 있는 이유

> 기간간의 형평성이 지자체에만 있는 이유는 형평성이 달성되지 않는 경우 지출이 많은 지자체를 찾아다니면서 이동할 수 있기 때문이다. 따라서 각 지자체는 기간간의 형평성을 지키라는 규정이 있는 것이다. 반면 국가 관점에서는 지자체를 이동하더라도 국가에 속하기 때문에 기간간의 형평성이 적용되지 않는다.

(3) 수탁관리책임 : 규정 준수!

01 다음 중 『국가회계기준에 관한 규칙』에서 규정하는 재무제표가 제공하는 정보가 아닌 것은?

① 국가의 재정상태 및 그 변동과 재정운영결과에 대한 보고

② 국가사업의 목적을 능률적, 효과적으로 달성하였는지에 관한 정보

③ 예산과 그 밖에 관련 법규의 준수에 관한 정보

④ 당기(當期)의 수입이 당기(當期)의 서비스를 제공하기에 충분하였는지 또는 미래의 납세자가 과거에 제공된 서비스에 대한 부담을 지게 되는지에 대한 기간간 형평성에 관한 정보

> **해설**
>
> 기간간의 형평성은 지자체회계에만 해당하는 공공회계책임이다. ①~③은 각각 재무보고책임, 운영관리책임, 수탁관리책임에 해당하는 설명이다.
>
> 🖹 ④

3 정부회계기준의 체계

	국가회계	지자체회계
법적 근거	① 국가재정법 ② 국가회계법	① 지방재정법 ② 지방회계법
회계기준	국가회계기준에 관한 규칙	지방자치단체회계기준에 관한 규칙
회계기준의 하부구조	국가회계예규	① 행정안전부장관 고시 기준 ② 지방자치단체회계 지침서
관련 부처	**기획재정부**	**행정안전부**

위 표로 정리해놓은 정부회계기준의 체계는 거의 출제되지 않는 내용이다. '국가회계-기재부, 지자체회계-행안부'의 차이점만 기억하고, 표보다는 아래 설명에 집중하자.

1. 국가회계 관련 법령

(1) 국가재정법

국가재정법은 국가의 예산·기금·결산·성과관리 및 국가채무 등 재정에 관한 사항을 정함으로써 효율적이고 성과 지향적이며 투명한 재정운용과 건전재정의 기틀을 확립하는 것을 목적으로 한다.

(2) 국가회계법 : 국가회계기준의 근거 법령

국가회계법은 국가회계와 이와 관계되는 기본적인 사항을 정하여 국가회계를 투명하게 처리하고, 재정에 관한 유용하고 적정한 정보를 생산·제공하는 것을 목적으로 한다. 국가회계법은 다음의 특징을 지닌다.

① 타 법률에 우선하여 적용

국가회계법은 일반회계·특별회계 및 기금의 회계와 결산에 관하여 **다른 법률에 우선하여 적용**한다.

② 회계연도 : 1.1~12.31

국가의 회계연도는 매년 1월 1일에 시작하여 12월 31일에 종료한다. 이는 지방회계법도 동일하게 적용된다.

③ 국가회계기준의 근거

국가회계법 제11조는 다음과 같이 국가회계기준의 근거를 밝히고 있다.
"국가의 재정활동에서 발생하는 경제적 거래 등을 **발생 사실에 따라 복식부기** 방식으로 회계처리하는 데에 필요한 기준(국가회계기준)은 **기획재정부령**으로 정한다."
정부회계는 단식부기 및 복식부기를 모두 사용하지만 위 문장이 나오더라도 틀린 문장으로 고르지 않도록 주의하자. 국가회계법은 회계처리를 복식부기로 한다고 서술하고 있다.

(3) 국가회계기준에 관한 규칙

① 제정 : 국가회계법-기재부

이 규칙은 「국가회계법」 제11조에 따라 국가의 재정활동에서 발생하는 경제적 거래 등을 발생 사실에 따라 복식부기 방식으로 회계처리하는 데에 필요한 기준을 정함을 목적으로 한다.

② 적용범위 : 기재부 장관, GAAP

ㄱ 규칙의 해석과 실무회계처리에 관한 사항은 **기획재정부장관**이 정하는 바에 따른다.
ㄴ 규칙에서 정하는 것 외에 대해서는 **일반적으로 인정되는 회계원칙**과 **일반적으로 공정하고 타당하다고 인정되는 회계관습에 따른다.**

기출문제에서 '회계원칙은 따르지만 회계관습은 따르지 않는다.'라고 출제한 적이 있었다. 정부회계는 일반적으로 인정되는 회계원칙과 회계관습 모두 따른다.

2. 지자체회계 관련 법령

(1) 지방재정법

지방재정법은 지방자치단체의 재정에 관한 기본원칙을 정함으로써 지방재정의 건전하고 투명한 운용과 자율성을 보장함을 목적으로 한다.

(2) 지방회계법 : 지방자치단체회계기준의 근거 법령

지방회계법은 지방자치단체의 회계 및 자금관리에 관한 기본적인 사항을 정하여 지방자치단체의 회계를 투명하게 처리하고, 자금을 효율적으로 관리하는 것을 목적으로 한다. 지방회계법은 다음의 특징을 지닌다. **소관 부서(기재부-행안부)를 제외하고는 국가회계와 똑같다고 기억하자.**

① 타 법률에 우선하여 적용

지방자치단체의 일반회계·특별회계, 기금의 회계 및 결산에 관하여는 **다른 법률에 특별한 규정이 있는 경우를 제외하고는 지방회계법에서 정하는 바에 따른다.**

② 회계연도 : 1.1~12.31

지방자치단체의 회계연도는 매년 1월 1일부터 시작하여 12월 31일에 종료한다.

③ 지방자치단체회계기준의 근거

지방재정활동에 따라 발생하는 경제적 거래 등은 **발생사실에 따라 복식부기** 회계원리를 기초로 하여 명백하게 처리되어야 하며 지방회계기준 **행정안전부령**으로 정하되, 지방재정의 상태와 운용 내용을 객관적이고 통일적이며 명백하게 나타낼 수 있도록 하여야 한다.

(3) 지방자치단체회계기준에 관한 규칙

① **목적**

이 규칙은 지방자치단체의 회계처리 및 재무제표 보고의 통일성과 객관성을 확보함으로써 정보이용자에게 유용한 정보를 제공하고, 지방자치단체의 재정 투명성과 공공 책임성을 제고함을 목적으로 한다.

② **적용범위** : 행안부 장관, GAAP

㉠ 실무회계처리에 관한 구체적인 사항은 **행정안전부장관**이 정한다.

㉡ 이 규칙으로 정하는 것과 행정안전부장관이 정한 것 외의 사항에 대해서는 **일반적으로 인정되는 회계원칙**과 일반적으로 공정하며 타당하다고 인정되는 회계관습에 따른다.

김 용 재 의
코어 공무원 회계학 정부회계

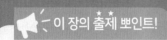
이 장의 출제 뽀인트!

01 재무제표의 종류   **02** 재무제표의 작성원칙   **03** 재무제표의 작성 과정

2장은 뒤의 장을 배우기 위해 필요한 정부회계의 기초를 배우는 장이다. 2장 자체에서는 많은 문제가 출제되지 않는다. 각 내용을 자세히 보기보다는 전체적인 흐름을 볼 것을 권한다.

CHAPTER

02

정부회계 총칙

Chapter 02

정부회계 총칙

1 일반원칙(국가=지자체)

국가 및 지방자치단체의 회계처리는 **복식부기·발생주의** 방식으로 하며, 다음의 원칙에 따라 이루어져야 한다.

공정한 회계처리	회계처리는 신뢰할 수 있도록 객관적인 자료와 증거에 따라 공정하게 이루어져야 한다.
이해가능성	재무제표의 양식, 과목 및 회계용어는 이해하기 쉽도록 간단명료하게 표시하여야 한다.
충분성	중요한 회계방침, 회계처리기준, 과목 및 금액에 관하여는 그 내용을 재무제표에 충분히 표시하여야 한다.
계속성	회계처리에 관한 기준 및 추정(推定)은 기간별 비교가 가능하도록 기간마다 계속하여 적용하고 정당한 사유 없이 변경해서는 아니 된다.
중요성	회계처리와 재무제표 작성을 위한 계정과목과 금액은 그 중요성에 따라 실용적인 방법으로 결정하여야 한다.
실질 반영	회계처리는 거래 사실과 경제적 실질을 반영할 수 있어야 한다.

일반원칙에 어떤 내용이 있는지 암기할 필요는 없으며, 문장을 틀린 문장으로 변형했을 때 그를 파악할 수 있으면 된다. 6가지 원칙 중에서는 **중요성**이 옳은 문장으로 제시된 적이 있다.

2 정부회계의 재무제표

기업회계	국가회계	지자체회계
재무상태표 (B/S)	재정상태표	재정상태표
포괄손익계산서 (I/S)	재정운영표	재정운영표
자본변동표	순자산변동표	순자산변동표
현금흐름표	X	**현금흐름표**
주석	주석	주석

재무제표는 국가의 재정활동에 직접적 또는 간접적으로 이해관계를 갖는 정보이용자가 국가의 재정활동 내용을 파악하고, 합리적으로 의사결정을 할 수 있도록 유용한 정보를 제공하는 것을 목적으로 한다.

정부회계의 재무제표는 기업회계와 거의 유사하다. 중요한 차이점은 지자체회계의 재무제표에는 현금흐름표가 포함되는 반면, **국가회계의 재무제표에는 현금흐름표가 포함되지 않는다**는 점이다. 수차례 출제되었던 사항이므로 반드시 기억해두자.

추가로, 재무제표의 부속서류로 '필수보충정보'와 '부속명세서'라는 것이 있다. 이 둘이 무엇인지는 6장 '기타 재무제표 및 결산절차'에서 서술할 것이며, 이 둘이 재무제표가 아니라는 것만 기억하자.

예제

01 「국가회계법」상 재무제표에 포함되지 않는 것은? 2013. 국가직 9급

① 재정상태표

② 재정운영표

③ 순자산변동표

④ 예산결산요약표

> **해설**
> 국가회계의 재무제표는 재정상태표, 재정운영표, 순자산변동표, 주석으로 구성된다. 예산결산요약표는 재무제표에 포함되지 않는다.
>
> 답 ④

3 재무제표의 작성원칙

비교표시	재무제표는 해당 회계연도분과 직전 회계연도분을 비교하는 형식으로 작성한다.
계속성의 원칙	비교하는 형식으로 작성되는 두 회계연도의 재무제표는 계속성의 원칙에 따라 작성하며,「국가회계법」에 따른 적용 범위, 회계정책 또는 이 규칙 등이 변경된 경우에는 그 내용을 주석으로 공시한다.
중요성	재무제표의 과목은 해당 항목의 중요성에 따라 별도의 과목으로 표시하거나 다른 과목으로 통합하여 표시할 수 있다.
내부거래 상계	재무제표를 통합하여 작성할 경우 내부거래는 상계하여 작성한다.
출납정리기한	출납정리기한 중에 발생하는 거래에 대한 회계처리는 **해당 회계연도**에 발생한 거래로 본다. (↔차기 회계연도)

일반원칙과 마찬가지로 재무제표의 작성원칙도 어떤 내용이 있는지 암기할 필요는 없으며, 문장을 틀린 문장으로 변형했을 때 그를 파악할 수 있으면 된다. 대부분의 문장이 옳은 문장으로 출제되는 편이다.

1. 출납정리기한

X1년 발생한 거래에 대하여 출납정리기한(X2년 1월 20일)까지 수납하거나 지출한 경우에는 **해당 회계연도 말일**(X1년 12월 31일)에 수납하거나 지출한 것으로 본다. '해당 회계연도'를 '차기 회계연도'로 바꾸어 출제할 수 있으므로 주의하자.

예제

01 「국가회계기준에 관한 규칙」에 대한 설명으로 옳은 것은?   2018. 국가직 9급

① 회계처리와 재무제표 작성을 위한 계정과목과 금액은 그 중요성에 따라 실용적인 방법으로 결정하여야 한다.

② 자산항목과 부채 또는 순자산항목을 상계함으로써 그 전부 또는 일부를 재정상태표에서 제외할 수 있다.

③ 이 규칙에서 정하는 것 외의 사항에 대해서는 일반적으로 인정되는 회계원칙을 따를 수 있으나, 일반적으로 공정하고 타당하다고 인정되는 회계관습은 따르지 않는다.

④ 재무제표는 재정상태표, 재정운영표, 순자산변동표로 구성하되 재무제표에 대한 주석은 제외한다.

해설

② 자산 항목과 부채 또는 순자산 항목을 상계함으로써 그 전부 또는 일부를 재정상태표에서 제 **외해서는 아니 된다.** (78p 참고)

③ 이 규칙에서 정하는 것 외의 사항에 대해서는 일반적으로 인정되는 회계원칙 및 일반적으로 공정하고 타당하다고 인정되는 회계관습을 따른다.

④ 국가, 지자체 모두 재무제표에 주석을 포함한다.

目 ①

---

4 국가회계의 체계

구분	재무제표
3단계 : 국가	국가 재무제표
2단계 : 중앙관서	기재부, 국방부 등 국가 부처의 재무제표
1단계 : 국가회계실체	일반회계, 특별회계, 기금의 재무제표

1. 3단계 : 국가

국가회계에서 국가는 대한민국 정부를 의미한다.

2. 2단계 : 중앙관서

중앙관서란 기재부, 국방부 등 중앙행정기관을 의미한다.

3. 1단계 : 국가회계실체

국가회계실체란 중앙관서별로 구분된 **일반회계, 특별회계 및 기금**을 의미한다.

4. 국가 재무제표의 작성 과정

국가회계실체 F/S ──합산──▶ 중앙관서 F/S ──합산──▶ 국가 F/S

(1) 내부거래 제거

국가 재무제표를 작성하기 위해서는 '**내부거래 제거**'가 필요하다. 내부거래 제거는 고급회계 주제인 연결회계에서 다루는 내용이지만, 공무원 수험범위를 넘기 때문에 기업회계에서 내부거래 제거에 대해 배운 바가 없다.

내부거래란 지배기업과 종속기업 간의 거래를 의미한다. 지배기업의 영향력이 특정 기준을 초과하는 경우 두 기업을 하나의 기업으로 보고 지배기업의 재무제표에 종속기업의 자산, 부채를 직접 계상하게 된다. 이 과정에서 **내부거래는 제거**하고 연결 재무제표를 작성한다. 지배기업과 종속기업 **두 기업을 하나의 기업으로 볼 때는 둘 간의 거래가 무의미하기 때문이다.**

정부회계에서도 내부거래 제거가 필요하다. 국가회계실체 재무제표를 중앙관서 재무제표로, 중앙관서 재무제표를 국가 재무제표로 통합하는 과정이 연결재무제표를 작성하는 과정과 동일하기 때문이다. 국가회계기준에서는 내부거래를 '**재무제표를 작성할 때 상계(相計)되어야 하는 국가회계실체 간의 거래**'라고 정의하고 있다. 국가회계실체 간 거래에서 발생한 수익, 비용 및 상호 보유하는 채권, 채무를 제거하여 수익, 비용의 중복 표시 및 자산, 부채의 과대 표시를 방지한다.

내부거래 제거를 수험생에게 직접 시키지는 않는다. 내부거래가 정확히 무엇인지 이해가 가지 않아도 괜찮다. 내부거래를 '**재무제표를 합칠 때 제거하는 것**' 정도로만 이해해도 좋다.

(2) 중앙관서 재무제표 작성

국가회계실체 재무제표를 각 중앙관서별로 통합한 후, **국가회계실체 간 내부거래를 제거**하여 중앙관서 재무제표를 작성한다.

(3) 국가 재무제표 작성

중앙관서 재무제표를 대한민국 정부로 통합한 후, **중앙관서 간 내부거래를 제거**하여 국가 재무제표를 작성한다.

 핵심 콕! 국가 재무제표 작성 시 내부거래 제거

상위 단계 재무제표 작성 시 하위 단계 내부거래 제거! 중요!

내부거래는 **'상위 단계 재무제표 작성 시 하위 단계의 내부거래'**를 제거하는 것이다. 중앙관서 재무제표(2단계) 작성 시에 중앙관서 내 개별회계실체(1단계) 간 거래를 제거하는 것이고, 다른 중앙관서(2단계)와의 거래는 제거되어 있지 않다. 다른 중앙관서와의 거래(2단계)는 상위 단계인 국가 재무제표(3단계) 작성 시에 제거된다.

예제

01 「국가회계기준에 관한 규칙」에 대한 설명으로 옳지 않은 것은?   2016. 서울시 7급

① 재무제표는 재정상태표, 재정운영표, 순자산변동표로 구성하되, 재무제표에 대한 주석을 포함한다.

② 재무제표는 해당 회계연도분과 직전 회계연도분을 비교하는 형식으로 작성한다.

③ 재무제표는 국가의 재정활동에 직접적 또는 간접적으로 이해관계를 갖는 정보이용자가 국가의 재정활동 내용을 파악하고, 합리적으로 의사결정을 할 수 있도록 유용한 정보를 제공하는 것을 목적으로 한다.

④ 재무제표를 통합하여 작성하더라도 내부거래는 상계하지 않는다.

> **해설**
> 재무제표 통합 작성 시 내부거래는 상계한다.
>
> 답 ④

5 국가회계실체의 분류 중요!

구분	일반회계	특별회계		기금
		기타특별	기업특별	
구분	행정형 회계		사업형 회계	
세입세출예산 통제	O			X

"국가회계실체"란 「국가재정법」에 따른 일반회계, 특별회계 및 기금으로서 중앙관서별로 구분된 것을 말한다. 특별회계는 다시 기업특별회계와 기타특별회계로 나뉘어, 국가회계실체를 총 4가지로 구분할 수 있다. 각 회계실체가 무엇인지는 전혀 중요하지 않으며, 회계실체가 어떻게 나뉘는지만 기억하면 된다.

1. 일반회계

일반회계는 조세수입 등을 주요 세입으로 하여 국가의 일반적인 세출에 충당하기 위하여 설치한다. 일반회계는 부모님이 자녀에게 주는 용돈과 비슷하다. 대가성 없이 받으면서, 지출 목적을 특정하지 않은 것이 일반회계이다.

2. 특별회계

특별회계는 국가에서 특정한 사업을 운영하고자 할 때, 특정한 자금을 보유하여 운용하고자 할 때 특정한 세입으로 특정한 세출에 충당함으로써 일반회계와 구분하여 회계처리할 필요가 있을 때 설치한다.

특별회계는 부모님이 자녀에게 학원비로 쓰라고 준 돈과 비슷하다. 대가성 없이 받지만, 지출 목적이 특정된 것이 특별회계이다. 특별회계는 다시 기업특별회계와 기타특별회계로 나뉜다.

(1) 기업특별회계

4가지 특별회계(우편사업특별회계, 우체국예금특별회계, 양곡관리특별회계, 조달특별회계)를 의미한다. 특별회계를 기업특별회계와 기타특별회계로 구분한다는 것만 기억하면 될 뿐, **기업특별회계에 무엇이 있는지는 암기하지 말자.**

(2) 기타특별회계

특별회계 중 기업특별회계에 속하지 않은 나머지 특별회계를 말한다.

3. 기금

기금은 국가가 특정한 목적을 위하여 특정한 자금을 신축적으로 운영할 필요가 있을 때 설치하며, 국가회계실체 중 유일하게 **세입세출예산에 의하지 않고 운용할 수 있다.**

기금은 자녀가 스스로 알바를 해서 모은 돈과 비슷하다. 스스로 사업을 운영하여 자금을 조달하기 때문에 대가성이 있고, 지출 목적도 예산의 통제 없이 자유롭게 집행이 가능하다.

4. 행정형 회계 vs 사업형 회계

위의 4가지의 회계실체는 크게 둘로 나뉜다. 이 분류는 이후에 배울 **재정운영표에서 비교환수익을 기록할 수 있는지 여부**를 결정하므로 반드시 기억해야 한다. 각 회계별 비교환수익의 처리 방법까지 서술하긴 했지만, 이후에 자세히 배울 것이므로 지금은 행정형과 사업형만 구분할 수 있으면 된다.

(1) 행정형 회계 : 일반회계, 기타특별회계-비교환수익 X

일반회계와 특별회계(기업특별회계는 제외)와 같이 세금 등을 재원으로 활동하는 회계실체를 말한다. 행정형 회계는 독립적인 수익 창출이 불가능하므로 **비교환수익을 재정운영표에 기록할 수 없다. 대신, 비교환수익은 순자산변동표에 '재원의 조달'로 기록된다.**

(2) 사업형 회계 : 기업특별회계, 기금-비교환수익 O

기업특별회계나 기금과 같이 독립적인 수익 창출활동을 수행하는 회계실체를 말한다. 사업형 회계는 독립적인 수익 창출이 가능하므로 **비교환수익을 재정운영표에 기록할 수 있다.**

6 지자체회계의 체계

구분	재무제표
3단계 : 통합 회계실체	지방자치단체 재무제표
2단계 : 유형별 회계실체	일반회계, 특별회계, 기금의 재무제표
1단계 : 개별 회계실체	일반회계, 특별회계, 기금의 **개별** 재무제표

1. 통합 회계실체 : 지방자치단체

통합 회계실체란, 유형별 회계실체의 재무제표를 모두 통합하여 재무제표를 작성하는 단위이며, 지방자치단체를 의미한다.

2. 유형별 회계실체 : 개별 회계실체를 그 성격이나 특성에 따라 유형별로 구분한 것

유형별 회계실체란, 개별 회계실체를 그 성격이나 특성에 따라 유형별로 구분한 것을 의미한다. 유형별 회계실체에는 **일반회계 · 기타특별회계 · 기금회계 및 지방공기업특별회계**가 있다. 국가회계와 마찬가지로 지자체의 회계실체는 일반회계와 기타특별회계를 **행정형 회계**로, 기금회계 및 지방공기업특별회계를 **사업형 회계**로 분류한다. 국가회계의 기업특별회계가 지자체회계에서는 '지방공'기업특별회계로 대체된 것이다.

3. 개별 회계실체

일반회계 및 특별회계와 기금으로서 재무제표를 작성하는 최소 단위

4. 국가회계의 체계 vs 지자체회계의 체계

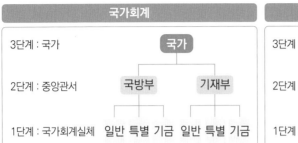

지자체회계도 국가회계와 마찬가지로 3단계로 이루어져 있다. 하지만 국가회계와 분류 방법이 다르다. 자세히 어떻게 다른지는 기억하지 못해도 괜찮다. 다음의 '5. 지자체 재무제표의 작성 과정'을 이해할 수만 있으면 된다.

(1) 국가회계 : 중앙관서별 통합

국가회계는 각 회계실체를 '**중앙관서별로**' 통합한다. 국방부, 기재부 등의 각 중앙관서 아래에 일반회계, 특별회계, 기금이 있어 그를 각 중앙관서에서 통합한다.

(2) 지자체회계 : 유형별 통합

반면 지자체회계는 개별 회계실체를 '**유형별**'로 통합한다. 서울시라는 지방자치단체가 있다면 그 아래에 여러 '구'가 있을 것이다. 그리고 각 구별로 일반회계, 특별회계, 기금이 있다. 지자체회계는 각 구의 개별회계실체를 유형별로 일반회계, 특별회계, 기금으로 모은다.

5. 지자체 재무제표의 작성 과정 중요!

(1) 지방자치단체의 재무제표 (3단계) : (모든) 내부거래 상계 O

지방자치단체의 재무제표는 **일반회계·기타특별회계·기금회계 및 지방공기업특별회계**의 유형별 재무제표를 통합하여 작성한다. 이 경우 **내부거래는 상계하고 작성**한다.

(2) 유형별 회계실체의 재무제표 (2단계) : 유형별 회계실체 '안'의 내부거래 상계 O

유형별 회계실체의 재무제표를 작성할 때에는 해당 유형에 속한 개별 회계실체의 재무제표를 합산하여 작성한다. 이 경우 **유형별 회계실체 안에서의 내부거래는 상계**하고 작성한다.

(3) 개별 회계실체의 재무제표 (1단계) : 내부거래 상계 X

개별 회계실체의 재무제표를 작성할 때에는 지방자치단체 안의 **다른 개별 회계실체와의 내부거래를 상계하지 아니한다.** 이 경우 내부거래는 해당 지방자치단체에 속하지 아니한 다른 회계실체 등과의 거래와 동일한 방식으로 회계처리한다.

예제

01 「지방자치단체 회계기준에 관한 규칙」에서 규정하고 있는 재무제표 작성원칙이 아닌 것은?

① 유형별 회계실체의 재무제표를 작성할 때에는 해당 유형에 속한 개별 회계실체의 재무제표를 합산하여 작성한다.

② 지방자치단체의 재무제표는 일반회계, 기타특별회계, 기금회계 및 지방공기업특별회계의 유형별 재무제표를 통합하여 작성한다. 이 경우 내부거래는 상계하여 작성한다.

③ 개별 회계실체의 재무제표를 작성할 때에는 지방자치단체 안의 다른 개별 회계실체와의 내부거래를 상계하여 작성한다.

④ 재무제표는 당해 회계연도분과 직전 회계연도분을 비교하는 형식으로 작성되어야 한다.

> **해설**
>
> 개별 회계실체의 재무제표(1단계) 작성 시 다른 개별 회계실체와의 내부거래(1단계)를 상계하지 않고 작성한다.
>
> 답 ③

02 「지방자치단체 회계기준에 관한 규칙」상 재무제표의 작성원칙으로 옳은 것은? 2019. 지방직 9급

① 지방자치단체의 재무제표는 기금회계의 유형별 재무제표를 제외한 일반회계, 기타특별회계 및 지방공기업특별회계의 유형별 재무제표를 통합하여 작성한다.

② 유형별 회계실체의 재무제표를 작성할 때에는 해당 유형에 속한 개별 회계실체의 재무제표를 합산하여 작성한다. 이 경우 유형별 회계실체 안에서의 내부거래는 상계하고 작성한다.

③ 개별 회계실체의 재무제표를 작성할 때에는 지방자치단체 안의 다른 개별 회계실체와의 내부거래를 상계하고 작성한다. 이 경우 내부거래는 해당 지방자치단체에 속하지 아니한 다른 회계실체 등과의 거래와 다르기 때문이다.

④ 재무제표는 당해 회계연도분과 직전 회계연도분을 비교하는 형식으로 작성되어야 한다. 이 경우 비교식으로 작성되는 양 회계연도의 재무제표는 계속성의 원칙에 따라 작성되어야 하며 회계변경은 허용되지 않는다.

> **해설**
> ① 지방자치단체의 재무제표는 일반회계, 기타특별회계, 기금회계 및 지방공기업특별회계의 유형별 재무제표를 통합하여 작성한다. 기금회계의 재무제표를 포함한다. (X)
> ② 유형별 회계실체의 재무제표(2단계)를 작성할 때에는 유형별 회계실체 '안'에서의 내부거래(1단계)는 상계하고 작성한다. (O)
> ③ 개별 회계실체의 재무제표(1단계) 작성 시 다른 개별 회계실체와의 내부거래(1단계)를 상계하지 않고 작성한다. 이 경우 내부거래는 해당 지방자치단체에 속하지 아니한 다른 회계실체 등과의 거래와 **동일한 방식으로** 회계처리한다. (X)
> ④ 재무제표는 비교식으로 작성되어야 하며, 계속성의 원칙은 지키되 회계변경은 허용된다. (X)
> 답 ②

03 「지방자치단체 회계기준에 관한 규칙」에 대한 설명으로 옳지 않은 것은? 2018. 지방직 9급

① 재무제표는 재정상태표, 재정운영표, 현금흐름표, 순자산변동표, 주석으로 구성된다.

② 재무제표는 일반회계, 기타특별회계, 기금회계 및 지방공기업 특별회계의 유형별 재무제표를 통합하여 작성한다. 이 경우 내부거래는 상계하지 않는다.

③ 재무제표는 당해 회계연도분과 직전 회계연도분을 비교하는 형식으로 작성한다.

④ 회계실체는 그 활동의 성격에 따라 행정형 회계실체와 사업형 회계실체로 구분할 수 있다.

> **해설**
> 재무제표 통합 작성 시 내부거래는 상계한다.
> 답 ②

김 용 재 의
코 어 공무원 회계학 정부회계

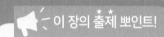
재정운영표는 기업회계의 손익계산서에 해당하는 재무제표이다. 기존에 정부회계가 말문제 위주로 출제되었을 때에는 대부분 수익인식 기준에서 출제되었으나, 최근에 계산문제가 출제되기 시작함에 따라 재정운영표의 재정운영순원가 및 재정운영결과를 묻는 문제가 등장하고 있다. 재정운영표 계산문제는 회계사 시험 등 기출문제가 많이 쌓여있고, 패턴대로 출제되므로 반드시 유형을 숙달하여 맞힐 수 있도록 하자.

CHAPTER

03

재정운영표 및
순자산변동표

재정운영표 및 순자산변동표

1 재정운영표의 정의

재정운영표는 기업회계의 포괄손익계산서에 해당하는 재무제표이다. 재정운영표는 회계연도 동안 수행한 정책 또는 사업의 원가와 재정운영에 따른 원가의 회수 등을 포함한 재정운영결과를 나타내는 재무제표를 말한다. 본서에서는 중앙관서 및 기금(2단계)의 재정운영표, 국가(3단계)의 재정운영표, 지방자치단체의 재정운영표에 대해서 배울 것이다.

2 중앙관서 및 기금의 재정운영표 중요!

■ 국가회계기준에 관한 규칙 [별지 제2호서식] 〈개정 2015.12.31.〉

재정운영표

당기 : 20X2년 1월 1일부터 20X2년 12월 31일까지
전기 : 20X1년 1월 1일부터 20X1년 12월 31일까지

OO기금, OO부처 (단위 :)

	20X2			20X1		
	총원가	수익	순원가	총원가	수익	순원가
Ⅰ. 프로그램순원가	XXX	(XXX)	XXX	XXX	(XXX)	XXX
1. 프로그램(A)	XXX	(XXX)	XXX	XXX	(XXX)	XXX
2. 프로그램(B)	XXX	(XXX)	XXX	XXX	(XXX)	XXX
3. 프로그램(C)	XXX	(XXX)	XXX	XXX	(XXX)	XXX
4. 프로그램(D)	XXX	(XXX)	XXX	XXX	(XXX)	XXX
Ⅱ. 관리운영비			XXX			XXX
1. 인건비			XXX			XXX
2. 경비			XXX			XXX
Ⅲ. 비배분비용			XXX			XXX
1. 자산처분손실			XXX			XXX
2. 기타비용			XXX			XXX
Ⅳ. 비배분수익			XXX			XXX
1. 자산처분이익			XXX			XXX
2. 기타수익			XXX			XXX
Ⅴ. 재정운영순원가 (Ⅰ+Ⅱ+Ⅲ-Ⅳ)			XXX			XXX
Ⅵ. 비교환수익 등			XXX			XXX
1. 부담금수익			XXX			XXX
2. 제재금수익			XXX			XXX
3. 사회보험수익			XXX			XXX
4. 채무면제이익			XXX			XXX
5. 기타비교환수익			XXX			XXX
6. 기타재원조달및이전			XXX			XXX
Ⅶ. 재정운영결과 (Ⅴ-Ⅵ)			XXX			XXX

재정운영표는 주로 계산문제로 출제되며, 가장 많이 묻는 것은 **재정운영순원가**와 **재정운영결과**이다. 정부회계 출제 초기에는 재정운영표가 출제되지 않다가, 최근에는 출제 빈도가 높아졌다. 다음의 재정운영표 형태만 외운다면 문제는 정형화된 유형대로 출제되기 때문에 반드시 외워야 한다.

프로그램총원가	프로그램과 관련하여 직접 관련된 원가
(-) 프로그램수익	프로그램과 관련하여 직접 관련된 수익
프로그램순원가	
(+) 관리운영비	프로그램 수행을 지원하는 비용
(+) 비배분비용	프로그램에 직접 대응하기 어려운 비용
(-) 비배분수익	프로그램에 직접 대응하기 어려운 수익
재정운영순원가	
(-) 비교환수익	대가성 없이 발생하는 수익 (국세, 기부금 등)
재정운영결과	

1. 재정운영표의 구조 : 비용-수익=순원가

중앙관서 또는 기금의 재정운영표는 프로그램순원가, 재정운영순원가, 재정운영결과로 구분하여 표시한다. 특이한 것은 '수익-비용=이익'의 형태를 띄는 손익계산서와 달리, '비용-수익=순원가'의 형태를 띤다는 점이다. **비용은 가산하고, 수익은 차감해야 한다**는 점에 주의하자. 비용이 수익보다 클 경우 순원가는 (+)로 계산된다. 기출문제에서 정답과 같은 값을 부호만 (-)로 바꾸어 오답 선지로 제시한 경우가 있었다.

2. 프로그램순원가

(1) 프로그램순원가의 계산

> 프로그램총원가 = 투입한 직접원가 + 배부받은 원가 - 배부한 원가
> 프로그램순원가 = 프로그램총원가 - 프로그램수익

"프로그램순원가는 프로그램을 수행하기 위하여 투입한 원가 합계에서 다른 프로그램으로부터 배부받은 원가를 더하고, 다른 프로그램에 배부한 원가는 빼며 / 프로그램 수행과정에서 발생한 수익 등을 빼서 표시한다."

위 규정의 전단까지 계산하면 프로그램총원가가 도출되고, 여기에 후단인 프로그램수익을 차감하면 프로그램순원가가 계산된다.

일반적으로는 프로그램총원가와 프로그램수익을 제시하여 두 번째 식으로 프로그램순원가를 구하게 출제하지만, 다른 프로그램으로부터 배부받은 원가와, 다른 프로그램에 배부한 원가까지 조정해서 첫 번째 식으로 프로그램총원가를 구한 뒤, 두 번째 식을 이용하여 프로그램순원가를 구하는 문제도 출제된 적이 있다.

3. 재정운영순원가

재정운영순원가 = 프로그램순원가 + 관리운영비 + 비배분비용 − 비배분수익

재정운영순원가는 프로그램순원가에 세 가지 손익을 반영하여 계산한다. 문제에서 '관리운영비 ₩10,000'과 같이 직접 제시하는 것이 아니라 '행정운영과 관련하여 ₩10,000이 발생하였다.'와 같이 설명으로 제시하였을 때 이해할 수 있도록 다음 정의를 기억해두자.

(1) 관리운영비

기관운영비와 같이 기관의 여러 정책이나 사업, 활동을 지원하는 비용

(2) 비배분비용

국가회계실체에서 발생한 비용 중 프로그램에 대응되지 않는 비용

(3) 비배분수익

국가회계실체에서 발생한 수익 중 프로그램에 대응되지 않는 수익

 재정운영표 원가의 종류

정부회계	기업회계
프로그램총원가	매출원가
프로그램수익	매출액
프로그램순원가	매출총손실
관리운영비	판매비와 관리비
비배분비용	영업외비용
비배분수익	영업외이익
재정운영순원가	당기순이익
비교환수익	N/A
재정운영결과	

재정운영표는 기업회계의 손익계산서와 유사하다. 기업회계의 손익계산서를 떠올리면 원가의 종류를 쉽게 기억할 수 있다. **관리운영비는** 프로그램을 수행하는데 직접적으로 발생한 원가는 아니지만, 간접적으로 관련이 있는 원가로 **기업회계의 판관비와 유사**하다. **비배분비용, 비배분수익은** 프로그램 수행과 무관한 손익으로 **기업회계의 영업외손익과 유사**하다.

비교환수익은 대가성 없이 받는 부담금, 기부금 등의 수익을 말한다. **기업회계에는 비교환수익에 해당하는 수익이 없다.** 기업이 다른 주체로부터 대가 없이 돈을 받을 수는 없기 때문이다. 정부이기 때문에 '비교환' 수익이라는 특수한 수익이 존재하는 것이다. 문제에 제시된 수익이 비배분수익과 비교환수익 중 어디에 속하는 것인지 애매하다면 '기업회계에서 배운' 계정인지 따져보자. **기업회계에서 배운 수익이라면 비배분수익, 배우지 않은 수익이라면 비교환수익에 속한다.** 기출문제에서 제시된 계정은 다음과 같다. **부담금수익과 채무면제이익은 비교환수익으로** 여러 번 등장했으므로 반드시 기억하자.

비배분손익	유형자산처분손익, 이자손익
비교환수익	부담금수익, 채무면제이익

4. 재정운영결과 ^{★★★} 중요!

> **사업형 회계** : 재정운영결과＝재정운영순원가－비교환수익
> **행정형 회계** : 재정운영결과＝재정운영순원가

재정운영결과는 재정운영순원가에 비교환수익을 차감하여 계산한다. 단, **행정형 회계(일반회계 및 기타특별회계)에서 발생하는 비교환수익은 재정운영표가 아닌 순자산변동표의 재원의 조달 및 이 전란에 표시한다.** 따라서 **행정형 회계의 경우** 비교환수익을 차감하지 않기 때문에 **재정운영결과가 재정운영순원가와 일치하게 된다.**

비교환수익 차감 여부로 인해 재정운영표 문제에서는 반드시 사업형인지, 행정형인지 따져보아야 한다. 특별회계는 기업특별회계인지, 기타특별회계인지에 따라 분류가 달라지므로 일반적으로 **일 반회계(행정형)**나 **기금(사업형)**으로 출제하는 편이다.

 회계실체 언급이 없다면 사업형으로 볼 것

지금까지 회계실체가 행정형인지, 사업형인지 제시하지 않은 기출문제가 수 차례 등장했다. 그때마다 사업 형으로 계산한 금액이 정답이었다. 따라서 회계실체 언급이 없다면 사업형으로 보고 비교환수익(지자체의 경우 일반수익)을 차감하여 재정운영결과를 계산하자.

예제

01 다음 중 국가회계 재정운영표 양식 구조에서 재정운영순원가의 계산에 반영되는 항목이 아닌 것은?

2017. 서울시 9급

① 관리운영비　　　　　　　　② 비배분수익

③ 비교환수익　　　　　　　　④ 비배분비용

> **해설**
> 비교환수익은 재정운영순원가 이후에 재정운영결과를 계산할 때 반영한다.
>
> 답 ③

02 「국가회계기준에 관한 규칙」상 중앙관서 또는 기금의 재정운영표에 대한 설명으로 옳지 않은 것은?

2022. 국가직 9급

① 재정운영표는 회계연도 동안 수행한 정책 또는 사업의 원가와 재정운영에 따른 원가의 회수명세 등을 포함한 재정운영결과를 나타내는 재무제표를 말한다.

② 중앙관서 또는 기금의 재정운영표는 프로그램순원가, 재정운영순원가, 재정운영결과로 구분하여 표시한다.

③ 프로그램순원가는 프로그램을 수행하기 위하여 투입한 원가 합계에서 다른 프로그램으로부터 배부받은 원가를 빼고, 다른 프로그램에 배부한 원가는 더하며, 프로그램 수행과정에서 발생한 수익 등을 빼서 표시한다.

④ 비배분비용은 국가회계실체에서 발생한 비용 중 프로그램에 대응되지 않는 비용이며, 비배분수익은 국가회계실체에서 발생한 수익 중 프로그램에 대응되지 않는 수익이다.

> **▌해설**
>
> 프로그램순원가는 프로그램을 수행하기 위하여 투입한 원가 합계에서 다른 프로그램으로부터 배부받은 원가를 **더하고**, 다른 프로그램에 배부한 원가는 **빼며**, 프로그램 수행과정에서 발생한 수익 등을 빼서 표시한다.
>
> 답 ③

03 「국가회계기준에 관한 규칙」에 따른 재정운영표의 재정운영순원가는? 2013. 국가직 9급

프로그램총원가	₩350,000
프로그램수익	₩200,000
관리운영비	₩100,000
비배분비용	₩50,000
비배분수익	₩20,000
비교환수익	₩10,000

① ₩150,000　　　　　　② ₩270,000

③ ₩280,000　　　　　　④ ₩500,000

▌해설

프로그램총원가	350,000
(-) 프로그램수익	(200,000)
프로그램순원가	150,000
(+) 관리운영비	100,000
(+) 비배분비용	50,000
(-) 비배분수익	(20,000)
재정운영순원가	**280,000**
(-) 비교환수익	(10,000)
재정운영결과	270,000

문제에서 재정운영 '순원가'를 물어보았다. 비교환수익을 차감한 재정운영 '결과'가 아님에 주의하자. 출제자는 사업형 회계를 가정했을 때의 재정운영결과인 ②번도 선지로 끼워놓았다.

답 ③

04 〈보기〉의 중앙관서 또는 기금의 재정운영표에 표시된 수익과 비용을 이용하여 계산한 재정운영순원가는?

2019. 서울시 7급

보기

• 프로그램총원가	₩250,000	• 비배분수익	₩40,000
• 프로그램수익	₩80,000	• 비배분비용	₩30,000
• 관리운영비	₩50,000	• 비교환수익	₩150,000

① ₩110,000　　　　　　　　　　　　② ₩160,000

③ ₩170,000　　　　　　　　　　　　④ ₩210,000

해 설

프로그램총원가	250,000
(-) 프로그램수익	(80,000)
프로그램순원가	170,000
(+) 관리운영비	50,000
(+) 비배분비용	30,000
(-) 비배분수익	(40,000)
재정운영순원가	**210,000**
(-) 비교환수익	(150,000)
재정운영결과	60,000

'중앙관서 또는 기금'이라는 표현은 신경쓰지 말자. 이론상으로는 중앙관서에 기금이 속하지만, 기준서에서는 '중앙관서 또는 기금의' 재정운영표라고 부른다.

目 ④

05 다음의 자료를 이용하여 중앙관서 A의 재정운영표를 작성하는 경우 재정운영순원가는?

2019. 국가직 9급

• 프로그램순원가	₩300,000	• 관리운영비	₩150,000
• 이자비용	₩130,000	• 유형자산처분이익	₩150,000
• 부담금수익	₩30,000	• 채무면제이익	₩300,000

① ₩150,000   ② ₩220,000

③ ₩380,000   ④ ₩430,000

 해설

프로그램순원가	300,000
(+) 관리운영비	150,000
(+) 비배분비용	130,000
(−) 비배분수익	(150,000)
재정운영순원가	**430,000**

이자비용은 비배분비용에, 유형자산처분이익은 비배분수익에 해당한다. 부담금수익과 채무면제이익은 비교환수익이므로 재정운영순원가 계산 시 반영하지 않는다.

目 ④

다음은 중앙관서 A의 기업특별회계(사업형회계) 프로그램 관련 자료이다. 중앙관서 A의 재정운영표에 대한 설명으로 옳지 않은 것은?

2024. 국가직 9급

(단위: ₩)

세출		재무계정과목	금액	비고
프로그램/ 단위사업	목			
물자 및 시설조달	연구개발비	연구개발비	30,000	프로그램총원가
	-	감가상각비	1,000	프로그램총원가
전자조달운영	인건비	인건비	500	프로그램총원가
-	-	감가상각비	300	비배분비용
	-	자산처분손실	200	비배분비용
조달행정지원	인건비	인건비	40,000	행정운영성경비

세입(목)	재무계정과목	금액	관련 프로그램	비고
내자구매사업수입	재화및용역제공수익	20,000	물자 및 시설조달	프로그램수익
토지대여료	재화및용역제공수익	1,000	-	비배분수익
위약금	제재금수익	1,000	-	비교환수익

① 프로그램순원가는 ₩11,500이다.　② 관리운영비는 ₩40,000이다.

③ 재정운영순원가는 ₩51,500이다.　④ 재정운영결과는 ₩50,000이다.

해설

프로그램 총원가	31,500
(-) 프로그램 수익	(20,000)
프로그램 순원가	① 11,500
(+) 관리운영비	② 40,000
(+) 비배분비용	500
(-) 비배분수익	(1,000)
재정운영순원가	③ 51,000
(-) 비교환수익	(1,000)
재정운영결과	④ 50,000

-프로그램총원가: 30,000+1,000=500=31,500

-관리운영비: 인건비는 관리운영비에 속한다.

-사업형회계이므로 비교환수익을 차감한다.

目 ③

5. 비교환수익 : 3단계에서는 전부 재정운영표에 표시!

비교환수익은 **직접적인 반대급부 없이 발생하는 국세수익, 부담금, 기부금, 무상이전 및 제재금 등의 수익**을 말한다. 비교환수익은 보고실체에 따라 다음과 같이 표시한다.

	2단계 : 중앙관서 재무제표	3단계 : 국가 재무제표
사업형 회계 : 기업특별, 기금	재정운영표의 '비교환수익'	재정운영표의 '비교환수익'
행정형 회계 : 기타특별, 일반회계	순자산변동표의 '재원의 조달 및 이전'	
국세수익	필수보충정보의 '국세징수활동표'	

(1) 사업형(재정운영표) VS 행정형(순자산변동표)

사업형 회계는 비교환수익을 재정운영표에 표시하는 반면, **행정형 회계는 비교환수익을 순자산변동표에 표시하므로 재정운영결과가 재정운영순원가와 일치하게 된다**는 점을 반드시 유의하자.

(2) 국세수익 : 국세징수활동표(필수보충정보)에 표시

국세수익은 중앙관서 수준(2단계)에서는 재무제표에 기재하는 것이 아니라 필수보충정보 중 '국세징수활동표'라는 별도 양식에 기재해두었다가 3단계 국가 재무제표 작성 시 재정운영표의 비교환수익에 표시한다. 국세수익은 국가 재정에서 중요한 수익이므로 2단계까지는 재정운영표가 아닌 별도 양식으로 보고한 뒤, 국가 재무제표로 통합할 때 비교환수익으로 표시하는 것이다.

07 중앙관서 A의 재정운영표를 작성하기 위한 자료가 다음과 같을 때 재정운영순원가는?

2017. 지방직 9급

• 프로그램수익	₩400	• 비배분비용	₩50
• 국세수익	₩100	• 관리운영비	₩100
• 프로그램총원가	₩700	• 비배분수익	₩70

① ₩280   ② ₩350

③ ₩380   ④ ₩450

┃해 설

프로그램총원가	700
(-) 프로그램수익	(400)
프로그램순원가	300
(+) 관리운영비	100
(+) 비배분비용	50
(-) 비배분수익	(70)
재정운영순원가	**380**

참고로, 국세수익은 비교환수익에 해당하지만, 필수보충정보의 '국세징수활동표'에 표시하기 때문에 재정운영표에 표시되지 않는다.

답 ③

3 국가의 재정운영표

■ 국가회계기준에 관한 규칙 [별지 제3호서식]

재정운영표

당기 : 20X2년 1월 1일부터 20X2년 12월 31일까지
전기 : 20X1년 1월 1일부터 20X1년 12월 31일까지

대한민국 정부 (단위 :)

	20X2		20X1	
Ⅰ. 재정운영순원가		XXX		XXX
1. 기획재정부		XXX		XXX
2. 국방부		XXX		XXX
3. …				
Ⅱ. 비교환수익 등		XXX		XXX
1. 국세수익				
(1) 국세수익	XXX		XXX	
(2) 대손상각비	XXX		XXX	
(3) 대손충당금환입	XXX	XXX	XXX	XXX
2. 부담금수익		XXX		XXX
3. 제재금수익		XXX		XXX
4. 사회보험수익		XXX		XXX
5. 채무면제이익		XXX		XXX
6. 기타비교환수익		XXX		XXX
7. 기타재원조달및이전		XXX		XXX
Ⅲ. 재정운영결과(Ⅰ-Ⅱ)		XXX		XXX

국가의 재정운영표는 내부거래를 제거하여 작성하되 재정운영순원가, 비교환수익 등 및 재정운영 결과로 구분하여 다음과 같이 표시한다.

재정운영순원가
(−) 비교환수익
재정운영결과

1. 재정운영순원가 : 재정운영순원가부터 출발!

국가의 재정운영표가 중앙관서 및 기금과 다른 점은 **재정운영순원가부터 표시**한다는 점이다. 국 가의 재정운영표는 재정운영순원가의 계산과정을 표시하지 않고, **재정운영순원가를 각 중앙관서 별로 구분하여 표시**한다.

2. 재정운영결과=재정운영순원가−비교환수익

재정운영결과는 재정운영순원가에서 비교환수익 등을 빼서 표시한다.

3. 비교환수익

1단계, 2단계	사업형 회계	재정운영표의 '비교환수익'
	행정형 회계	순자산변동표의 '재원의 조달 및 이전'
3단계 : 국가 재무제표		**재정운영표의 '비교환수익'** (순자산변동표 X)

중앙관서 및 기금의 비교환수익은 보고실체에 따라 재정운영표 또는 순자산변동표에 보고되지만, **국가의 비교환수익은 재정운영표에 보고**된다. 행정형 회계도 2단계까지는 순자산변동표에 표시하 지만, 3단계 국가 재무제표로 통합되면서 재정운영표에 표시하는 것이다.

4. 중앙관서의 재정운영표 vs 국가의 재정운영표

	중앙관서(2단계)	국가(3단계)
재정운영순원가	계산 과정 표시 (프로그램순원가부터 시작!)	값만 표시 (재정운영순원가부터 시작!)
비교환수익	국세수익 제외-'국세징수활동표'	국세수익 포함

국세수익은 2단계에서는 국세청, 관세청, 기획재정부 등의 중앙관서의 재정운영표가 아닌 **국세징수활동표에 표시되나,** 3단계 국가 재무제표로 통합하면서 **국가 재정운영표에 비교환수익으로 표시한다.** 국세징수활동표는 6장에서 다시 다룰 것이다.

5. 기능별 분류와 성질별 분류

기업회계	정부회계 (국가&지자체)
기능별 분류(=매출원가법)	기능별 분류
성격별 분류	성**질**별 분류
목적적합한 방법을 기업이 **선택**, 기능별 분류 시 성격별 정보 **주석** 공시	기능별로 분류 (**강제**), 성질별 분류는 **필수보충정보**에 보고

기업회계에서 손익계산서의 기능별 분류와 성격별 분류에 대해 배운 바 있다. 정부회계도 이 분류를 똑같이 적용하되, 성격별 분류를 '성질별 분류'라고 부른다.

기업회계는 기능별 분류와 성격별 분류 가운데 **선택**할 수 있으며, **기능별 분류 시에만** 성격별 정보를 **주석**에 공시한다. 하지만 정부회계는 선택권이 없으며, **반드시 기능별 분류를 적용**해야 한다. 이때, **성질별 분류는 주석이 아닌 필수보충정보에 보고**해야 한다.

예제

01 다음은 일반회계만으로 구성된 중앙관서 A부처의 20X1년도 자료이다. (단, 20X1년도에는 아래 거래 이외에 다른 거래는 없으며, 국가 재무제표 작성과정에서 상계할 내부거래는 없다고 가정한다.)

2018. CPA

프로그램을 수행하기 위해 투입한 직접원가	₩150,000
프로그램 관련 교환수익	10,000
다른 프로그램으로부터 배부받은 간접원가	4,000
다른 프로그램에 배부한 간접원가	7,000
관리운영비	30,000
비배분수익	3,500
비배분비용	2,000
비교환수익	13,500

다음 중 20X1년도 재무제표에 대한 설명으로 옳지 않은 것은?

① A부처의 재정운영표에 표시되는 재정운영결과는 ₩152,000이다.

② A부처의 재정운영표에 표시되는 프로그램순원가는 ₩137,000이다.

③ A부처의 재정운영표에 표시되는 재정운영순원가는 ₩165,500이다.

④ A부처의 순자산변동표에서 재원의 조달 및 이전란에 표시될 금액은 ₩13,500이다.

⑤ A부처 20X1년도 자료가 국가재정운영표에 표시되는 재정운영결과에 미치는 영향은 ₩152,000 증가이다.

▌해설

프로그램총원가	147,000
(-) 프로그램수익	(10,000)
프로그램순원가	137,000
(+) 관리운영비	30,000
(+) 비배분비용	2,000
(-) 비배분수익	(3,500)
재정운영순원가	165,500
(-) 비교환수익	-
재정운영결과	**165,500**

프로그램총원가 :

150,000 + 4,000 - 7,000 = 147,000
일반회계로 구성되어 있기 때문에 비교환수익은 재정운영표에서 차감하는 것이 아니라, 순자산변동표에 재원의 조달 및 이전으로 기록된다.

⑤ 국가재정운영표에서 모든 비교환수익은 재정운영표에 표시된다. 재정운영결과는 165,500 - 13,500 = 152,000이다. (O)

답 ①

4 지자체회계의 재정운영표

■ 지방자치단체 회계기준에 관한 규칙 [별지 제2호서식]

재정운영표

해당연도 20X년1월1일부터 20X년12월31일까지
직전연도 20X년1월1일부터 20X년12월31일까지

지방자치단체명   **(단위 : 원)**

과 목	해당연도(20X년)					직전연도(20X년)				
	총원가	사업수익	순원가	내부거래	계	총원가	사업수익	순원가	내부거래	계
I. 사업순원가										
일반공공 행정										
공공질서 및 안전										
II. 관리운영비										
1. 인건비										
급여										
2. 경비										
도서구입 및 인쇄비										
III. 비배분비용										
자산처분손실										
기타비용										
IV. 비배분수익										
자산처분이익										
기타이익										
V. 재정운영순원가 (I+II+III-IV)										
VI. 일반수익										
1. 자체조달수익										
지방세수익										
경상세외수익										
2. 정부간이전수익										
지방교부세수익										
보조금수익										
3. 기타수익										
전입금수익										
기타 재원조달										
VII. 재정운영결과 (V-VI)										

1. 국가회계의 재정운영표 vs 지자체회계의 재정운영표

국가회계의 재정운영표와 지자체회계의 재정운영표는 명칭만 약간 다를 뿐 구조는 동일하다. 국가회계에서 사용한 '프로그램'이라는 용어를 지자체회계에서는 '사업'으로 바꾸어 사용하고 있으며, 비교환수익을 지자체회계에서는 '일반수익'으로 사용하고 있다.

또한, 국가는 재정운영표를 2단계(중앙관서 및 기금)와 3단계(국가)로 구분하지만, 지자체는 앞 페이지에 있는 양식 하나밖에 없다.

국가회계	지자체회계
프로그램총원가	사업총원가
(프로그램수익)	(사업수익)
프로그램순원가	사업순원가
관리운영비	관리운영비
비배분비용	비배분비용
(비배분수익)	(비배분수익)
재정운영순원가	재정운영순원가
(비교환수익)	**(일반수익)**
재정운영결과	재정운영결과

예제

01 다음은 어느 지방자치단체의 재정운영표 내용이다. 재정운영순원가는? 2015. 국가직 9급

사업총원가	₩117,000	사업수익	₩39,000
관리운영비	₩65,000	비배분비용	₩47,000
비배분수익	₩38,000	일반수익	₩37,000

① ₩106,000 ② ₩115,000

③ ₩143,000 ④ ₩152,000

┃해설

사업총원가	117,000
(-) 사업수익	(39,000)
사업순원가	78,000
(+) 관리운영비	65,000
(+) 비배분비용	47,000
(-) 비배분수익	(38,000)
재정운영순원가	**152,000**

답 ④

<보기>는 어느 지방자치단체의 재정운영표의 내용이다. 일반수익은?

2019. 서울시 9급

보기

사업순원가	₩180,000	관리운영비	₩220,000
비배분비용	₩40,000	비배분수익	₩30,000
재정운영결과	₩150,000		

① ₩180,000

② ₩210,000

③ ₩260,000

④ ₩270,000

▌해 설

사업순원가	180,000
(+) 관리운영비	220,000
(+) 비배분비용	40,000
(-) 비배분수익	(30,000)
재정운영순원가	410,000
일반수익	**(260,000)**
재정운영결과	150,000

문제에 재정운영결과가 150,000이라고 제시되어 있고, 나머지 자료를 이용하면 재정운영순원가가 410,000으로 계산된다. 문제에 '사업형 회계'라는 단서는 없지만, 재정운영결과와 재정운영순원가가 일치하지 않기 때문에, 사업형 회계를 가정하고 일반수익을 재정운영순원가에서 차감해야 한다.

답 ③

03 다음은 지방자치단체 A의 20X1년 재무제표 작성을 위한 자료이다.

• 사업총원가	₩200,000	• 일반수익	₩40,000
• 비배분수익	₩20,000	• 비배분비용	₩30,000
• 관리운영비	₩50,000	• 사업수익	₩70,000

20X1년 지방자치단체 A의 재정운영표상 재정운영결과는?

2023. 지방직 9급

① ₩130,000   ② ₩150,000

③ ₩160,000   ④ ₩190,000

해설

사업순원가	200,000
(-) 사업수익	(70,000)
사업순원가	130,000
(+) 관리운영비	50,000
(+) 비배분비용	30,000
(-) 비배분수익	(20,000)
재정운영순원가	190,000
(-) 일반수익	(40,000)
재정운영결과	**150,000**

문제에 회계실체에 대한 언급이 없을 때 재정운영결과를 묻는다면 사업형 회계실체로 보고 일반수익 또는 비교환수익을 차감해야 한다.

답 ②

순자산변동표는 회계연도 동안 순자산의 변동명세를 표시하는 재무제표를 말한다.

〈중앙관서 및 기금의 순자산변동표〉

■ 국가회계기준에 관한 규칙 [별지 제4호서식]

순자산변동표

당기 : 20X2년 1월 1일부터 20X2년 12월 31일까지
전기 : 20X1년 1월 1일부터 20X1년 12월 31일까지

OO기금, OO부처   (단위 :)

	기본순자산	적립금및잉여금	순자산조정	합계
Ⅰ. 기초순자산	XXX	XXX	XXX	XXX
1. 보고금액	XXX	XXX	XXX	XXX
2. 전기오류수정손익	XXX	XXX	XXX	XXX
3. 회계변경누적효과	XXX	XXX	XXX	XXX
Ⅱ. 재정운영결과		XXX		XXX
Ⅲ. 재원의 조달 및 이전		XXX		XXX
1. 재원의 조달		XXX		XXX
(1) 국고수입		XXX		XXX
(2) 부담금수익		XXX		XXX
(3) 제재금수익		XXX		XXX
(4) 기타비교환수익		XXX		XXX
(5) 무상이전수입		XXX		XXX
(6) 채무면제이익		XXX		XXX
(7) 기타재원조달		XXX		XXX
2. 재원의이전		XXX		XXX
(1) 국고이전지출		XXX		XXX
(2) 무상이전지출		XXX		XXX
(3) 기타재원이전		XXX		XXX
Ⅳ. 조정항목	XXX	XXX	XXX	XXX
1. 납입자본의 증감	XXX	–	–	XXX
2. 투자증권평가손익	–	–	XXX	XXX
3. 파생상품평가손익	–	–	XXX	XXX
4. 기타 순자산의 증감	XXX	XXX	XXX	XXX
Ⅴ. 기말순자산(Ⅰ-Ⅱ+Ⅲ+Ⅳ)	XXX	XXX	XXX	XXX

〈국가의 순자산변동표〉

■ 국가회계기준에 관한 규칙 [별지 제5호서식]

순자산변동표

당기 : 20X2년 1월 1일부터 20X2년 12월 31일까지
전기 : 20X1년 1월 1일부터 20X1년 12월 31일까지

대한민국 정부   (단위 :)

		기본순자산	적립금및잉여금	순자산조정	합계
Ⅰ.	기초순자산	XXX	XXX	XXX	XXX
	1. 보고금액	XXX	XXX	XXX	XXX
	2. 전기오류수정손익	XXX	XXX	XXX	XXX
	3. 회계변경누적효과	XXX	XXX	XXX	XXX
Ⅱ.	재정운영결과		XXX		XXX
Ⅲ.	조정항목	XXX	XXX	XXX	XXX
	1. 납입자본의 증감	XXX	–	–	XXX
	2. 투자증권평가손익	–	–	XXX	XXX
	3. 파생상품평가손익	–	–	XXX	XXX
	4. 기타 순자산의 증감	XXX	XXX	XXX	XXX
Ⅳ.	기말순자산(Ⅰ-Ⅱ+Ⅲ)	XXX	XXX	XXX	XXX

- 국가는 순자산변동표를 2단계(OO기금, OO부처)와 3단계(대한민국 정부)로 구분하지만, 지자체는 다음 페이지에 있는 양식 하나밖에 없다.

〈지자체의 순자산변동표〉

■ 지방자치단체 회계기준에 관한 규칙 [별지 제4호서식] 〈개정 2021. 1. 7.〉

순자산변동표

해당연도 20XX년X월X일부터 20XX년X월X일까지
직전연도 20XX년X월X일부터 20XX년X월X일까지

지방자치단체명 (단위 : 원)

과 목	해당연도(20XX년)						직전연도(20XX년)					
	일반회계	기타특별회계	기금회계	지방공기업특별회계	내부거래	계	일반회계	기타특별회계	기금회계	지방공기업특별회계	내부거래	계
Ⅰ. 기초순자산												
보고금액												
전기오류수정손익												
회계변경 누적효과												
Ⅱ. 재정운영결과												
Ⅲ. 순자산의 증가												
회계 간의 재산 이관 및 물품 소관의 전환에 따른 자산 증가												
양여 · 기부로 생긴 자산증가												
기타 순자산의 증가												
Ⅳ. 순자산의 감소												
회계 간의 재산 이관 및 물품 소관의 전환에 따른 자산 감소												
양여 · 기부로 생긴 자산감소												
기타 순자산의 감소												
Ⅴ. 기말순자산(Ⅰ-Ⅱ+Ⅲ-Ⅳ)												

1. 순자산의 구조

국가회계 : 기적순		지자체회계 : 고특일	
기본순자산 (잔여액)	순자산-적립금 및 잉여금 -순자산조정	일반순자산 (잔여액)	순자산-고정순자산-특정순자산
적립금 및 잉여금	이익잉여금	고정순자산	**고정**자산 투자액-관련 부채
순자산조정	OCI	특정순자산	재원의 목적이 **특정**된 순자산

(1) 국가회계

순자산은 자산에서 부채를 뺀 금액을 말하며, **기본순자산, 적립금 및 잉여금, 순자산조정**으로 구분한다.

① 기본순자산

기본순자산은 순자산에서 적립금 및 잉여금과 순자산조정을 뺀 금액으로 표시한다.

② 적립금 및 잉여금

적립금 및 잉여금은 임의적립금, 전기이월결손금 · 잉여금, 재정운영결과 등을 표시한다. 기업회계에서 **이익잉여금**의 역할을 수행한다고 보면 된다. 당기순손실에 해당하는 **재정운영결과의 누적액**이며, 적립금 등으로 구분된다.

③ 순자산조정

순자산조정은 투자증권평가손익, 파생상품평가손익 및 기타 순자산의 증감 등을 포함한다. 기업회계에서 **기타포괄손익(OCI)**의 역할을 수행한다고 보면 된다. 정부회계의 조정항목과 기업회계의 OCI를 다음과 같이 비교할 수 있다.

정부회계-순자산조정	기업회계-OCI
일반유형자산 및 사회기반시설 재평가손익	재평가**잉**여금
투자증권평가손익	FVOCI **금융**자산 평가손익
연금충당부채의 보험수리적 손익	**재**측정요소 : 확정급여제도의 보험수리적 손익
파생상품평가손익	**위**험회피적립금
기타 순자산의 증감	N/A

(2) 지자체회계 : 순자산조정(OCI) 없음!

순자산은 지방자치단체의 기능과 용도를 기준으로 **고정순자산, 특정순자산 및 일반순자산**으로 분류한다. 국가의 순자산 분류와 지자체의 순자산 분류를 바꾸어 틀린 선지를 만들어낸 적이 있다. 지자체는 앞글자를 따서 '**고특일**'으로 외우자.

지자체의 경우 투자증권 및 유형자산에 대한 공정가치 평가 규정이 없으므로 OCI 역할을 하는 **순자산조정이 없다**는 점이 국가회계와 대비되는 점이다. 자산, 부채의 평가는 5장에서 자세히 다룰 것이다.

① 고정순자산

고정순자산은 일반유형자산, 주민편의시설, 사회기반시설 및 무형자산의 투자액에서 그 시설의 투자재원을 마련할 목적으로 조달한 장기차입금 및 지방채증권 등을 뺀 금액으로 한다.

② 특정순자산

특정순자산은 채무상환 목적이나 적립성기금의 원금과 같이 그 사용목적이 특정되어 있는 재원과 관련된 순자산을 말한다.

③ 일반순자산

일반순자산은 고정순자산과 특정순자산을 제외한 나머지 금액을 말한다. **국가회계의 기본순자산에 대응되는 잔여액 개념이지만 명칭이 다르다**는 점을 기억하자.

예제

01 다음 자료를 이용하여 계산한 지방자치단체의 재정상태표에 표시될 일반순자산은?

2020. 국가직 7급

- 자산총계 ₩2,000,000
- 부채총계 ₩1,000,000
- 일반유형자산, 주민편의시설, 사회기반시설투자액 ₩900,000
- 무형자산투자액 ₩200,000
- 일반유형자산 투자재원을 위해 조달된 차입금 ₩450,000
- 적립성기금의 원금 ₩150,000

① ₩200,000　　　　　　　　　　② ₩350,000

③ ₩400,000　　　　　　　　　　④ ₩650,000

▌해설

순자산 : 2,000,000-1,000,000=1,000,000

지자체의 순자산은 다음의 세 가지로 구분된다. (고특일)
고정순자산 : 900,000+200,000-450,000=650,000
특정순자산 : 150,000 (적립성기금의 원금)
일반순자산 : 1,000,000(순자산)-650,000(고정)-150,000(특정)=200,000

답 ①

2. 중앙관서 및 기금의 순자산변동표의 구조

	기본순자산	적립금 및 잉여금	순자산조정	합계
I. 기초순자산	XXX	XXX	XXX	XXX
II. 재정운영결과		(XXX)		(XXX)
III. 재원의 조달 및 이전		XXX		XXX
IV. 조정항목	XXX	XXX	XXX	XXX
V.기말순자산	XXX	XXX	XXX	XXX

(1) 재정운영결과 : 적립금 및 잉여금에 누적, 순자산에서 차감!

재정운영표의 재정운영결과는 적립금 및 잉여금에 보고한다. 재정운영결과는 비용에서 수익을 차감한 값이므로 순자산변동표에서 기말순자산을 계산할 때에는 **기초순자산에서 차감해야 한다**는 점에 유의하자.

(2) 재원의 조달 및 이전 : 행정형 회계의 비교환수익, 무상이전거래

행정형 회계인 일반회계 및 기타특별회계에서 발생하는 **비교환수익**과 순자산의 증감을 발생시키는 **중앙관서 간의 무상이전거래**를 말한다. 국가 재무제표로 통합 시 비교환수익은 국가 재정운영표에 표시되고, 무상이전거래는 내부거래 제거로 제거되어 **국가 순자산변동표에 재원의 조달 및 이전은 표시되지 않는다.**

(3) 조정항목

조정항목은 순자산의 증감을 초래하는 거래이나, 수익 또는 비용거래나 재원의 조달 및 이전 거래에 해당하지 않는 거래를 말한다.

6 수익과 비용의 구분 및 인식기준

1. 수익의 구분

수익은 국가의 재정활동과 관련하여 재화 또는 용역을 제공한 대가로 발생하거나, 직접적인 반대급부 없이 법령에 따라 납부의무가 발생한 금품의 수납 또는 자발적인 기부금 수령 등에 따라 발생하는 순자산의 증가를 말한다. 수익은 그 원천에 따라 교환수익과 비교환수익으로 구분한다.

(1) 교환수익 : 재화나 용역을 제공한 대가로 발생하는 수익

(2) 비교환수익 : 직접적인 반대급부 없이 발생하는 국세, 부담금, 기부금, 무상이전 및 제재금 등의 수익

2. 수익의 인식기준 중요!

수익의 인식기준은 자주 출제되는 주제이다. 특히, (2) 비교환수익의 유형별 수익 인식기준이 자주 출제되니 유형별 인식기준을 구분해서 외우자.

(1) 교환수익 vs 비교환수익 (=지자체)

교환수익	**수익창출활동이 끝나고** 그 금액을 합리적으로 측정할 수 있을 때
비교환수익	수익에 대한 **청구권이 발생하고** 그 금액을 합리적으로 측정할 수 있을 때

교환수익과 비교환수익 모두 금액의 합리적인 측정이 가능할 때 수익을 인식한다. 차이점은 '수익창출활동' 혹은 '청구권'이다. 교환수익은 대가성이 있으므로 수익창출활동이 있지만, 비교환수익은 대가성이 없으므로 별도 활동 없이 저절로 청구권이 발생한다고 기억하자. 위 수익의 인식기준은 지자체에서도 동일하게 적용된다.

(2) 비교환수익의 유형별 수익 인식기준 : 발생주의

수익의 종류별로 수익 인식 시점과 수익 인식 금액에서 차이가 난다. 현금주의가 아닌 **발생주의**를 따른다고 기억하면 세부내용을 더욱 쉽게 기억할 수 있을 것이다. 현금이 납부된 만큼이 아니라 '**청구권이 발생할 때**', '**납부할 세액 전체**'를 수익으로 인식한다.

신고 · 납부하는 방식의 국세	납세의무자가 세액을 **자진신고할 때**	(not 국가가 수납할 때)
정부가 부과하는 방식의 국세	국가가 고지하는 때	
원천징수하는 국세	원천징수의무자가 원천징수한 금액을 **신고 · 납부할 때** (not 원천징수의무자가 원천징수할 때)	
연부연납(年賦延納) 또는 분납	징수할 세금이 확정된 때에 그 **납부할 세액 전체** (not 납부한 때에 납부한 세액만)	
부담금수익, 기부금수익, 무상이전수입, 제재금수익	청구권 등이 확정된 때에 그 확정된 금액 (=비교환수익의 원칙)	
(예외) 벌금, 과료, 범칙금 또는 몰수품 으로서 그 금액을 확정하기 어려운 경우	벌금, 과료 또는 범칙금이 납부되거나 몰수품이 처분된 때	

마지막 유형은 몰수품 등을 몰수하더라도 몰수 시점에 그 금액을 합리적으로 측정할 수 없으므로 실제 처분된 때에 수익으로 인식할 수 있도록 예외 규정을 둔 것이다.

예제

01 「국가회계기준에 관한 규칙」의 수익 인식에 관한 설명으로 옳지 않은 것은? 2014. 국가직 9급

① 정부가 부과하는 방식의 국세는 국가가 국세를 수납하는 때에 수익으로 인식한다.

② 원천징수하는 국세는 원천징수의무자가 원천징수한 금액을 신고·납부하는 때에 수익으로 인식한다.

③ 분납이 가능한 국세는 징수할 세금이 확정된 때에 그 납부할 세액 전체를 수익으로 인식한다.

④ 기부금 수익은 청구권이 확정된 때에 그 확정된 금액을 수익으로 인식한다.

> **해설**
> 부과하는 방식의 국세는 국가가 고지하는 때에 수익으로 인식한다.
>
> 답 ①

02 「국가회계기준에 관한 규칙」상 수익의 인식기준에 대한 설명으로 옳지 않은 것은?

2018. 지방직 9급

① 신고·납부하는 방식의 국세는 납세의무자가 세액을 자진 신고하는 때 수익으로 인식한다.

② 정부가 부과하는 방식의 국세는 국가가 고지하는 때 수익으로 인식한다.

③ 연부연납(年賦延納) 또는 분납이 가능한 국세는 세금이 징수되는 시점에 분납되는 세액을 수익으로 인식한다.

④ 원천징수하는 국세는 원천징수의무자가 원천징수한 금액을 신고·납부하는 때에 수익으로 인식한다.

> **해설**
>
> 연부연납 또는 분납 가능한 국세는 징수할 세금이 확정된 때에 그 납부할 세액 전체를 수익으로 인식한다.
>
> ③

03 「국가회계기준에 관한 규칙」상 비교환수익의 유형에 따른 수익인식기준에 대한 설명으로 옳지 않은 것은?

2015. 지방직 9급

① 신고·납부하는 방식의 국세 : 납세의무자가 세액을 자진신고 하는 때에 수익으로 인식

② 정부가 부과하는 방식의 국세 : 국가가 고지하는 때에 수익으로 인식

③ 연부연납 또는 분납이 가능한 국세 : 납세의무자가 납부한 때에 납부한 세액을 수익으로 인식

④ 부담금수익 : 청구권이 확정된 때에 그 확정된 금액을 수익으로 인식

> **해설**
>
> 연부연납 또는 분납 가능한 국세는 징수할 세금이 확정된 때에 그 납부할 세액 전체를 수익으로 인식한다.
>
> ③

04 『국가회계기준에 관한 규칙』에 대한 설명으로 옳지 않은 것은? 2014. 국가직 7급

① 국세수익은 중앙관서 또는 기금의 재정운영표에는 표시되지 않지만, 국가의 재정운영표에는 표시된다.

② 비교환수익은 수익창출활동이 끝나고 그 금액을 합리적으로 측정할 수 있을 때 인식한다.

③ 신고·납부하는 방식의 국세는 납세의무자가 세액을 자진신고하는 때에 수익으로 인식한다.

④ 원천징수하는 국세는 원천징수 의무자가 원천징수한 금액을 신고·납부하는 때에 수익으로 인식한다.

┃해설

① 국세수익은 국세징수활동표에 표시하여 2단계까지는 재정운영표에 표시되지 않지만, 3단계 국가 재정운영표에는 표시된다. (O)

② 교환수익에 대한 설명이다. 비교환수익은 수익에 대한 청구권이 발생하고 그 금액을 합리적으로 측정할 수 있을 때 인식한다. (X)

目 ②

---

05 『국가회계기준에 관한 규칙』상 비교환수익 유형에 따른 수익인식기준에 대한 설명으로 옳지 않은 것은? 2023. 국가직 9급

① 원천징수하는 국세:원천징수의무자가 납세의무자로부터 세액을 원천징수할 때 수익으로 인식

② 정부가 부과하는 방식의 국세:국가가 고지하는 때에 수익으로 인식

③ 분납이 가능한 국세:징수할 세금이 확정된 때에 그 납부할 세액 전체를 수익으로 인식

④ 부담금수익:청구권 등이 확정된 때에 그 확정된 금액을 수익으로 인식

┃해설

원천징수하는 국세: 원천징수의무자가 원천징수한 금액을 신고·납부하는 때에 수익으로 인식

目 ①

06 정부 기관인 A부처는 2016년 7월 1일 ㈜한국과 수익(교환 또는 비교환)이 발생하는 계약을 체결하였다. 계약기간은 2016년 9월 1일부터 2017년 8월 31일까지이며, 계약금액 총액은 ₩1,200,000이다. 계약서 상 청구권 확정/고지일과 금액이 다음과 같을 때, A부처가 2016년에 인식할 수익에 대한 설명으로 옳은 것은? (단, 해당 수익이 교환수익이면 사용료수익, 비교환수익이면 부담금수익으로 가정한다.)   2017. 국가직 9급

청구권 확정/고지일	청구 금액
2016.10.31	₩200,000
2017.1.31	₩300,000
2017.4.30	₩300,000
2017.8.31	₩400,000

① 교환수익에 해당할 경우 비교환수익에 해당할 경우보다 수익을 ₩800,000 덜 인식한다.

② 교환수익에 해당할 경우 비교환수익에 해당할 경우보다 수익을 ₩200,000 더 인식한다.

③ 교환수익에 해당할 경우와 비교환수익에 해당할 경우 인식할 수익금액은 동일하다.

④ 비교환수익에 해당할 경우 인식할 수익금액은 ₩400,000이다.

┃해설

교환수익은 '수익창출활동이 끝날 때' 수익을 인식하는 반면, 비교환수익은 '청구권이 확정될 때' 수익을 인식한다.

교환수익 : 1,200,000*4/12=400,000 (전체 12개월의 계약기간 중 2016년에 해당하는 4개월)

비교환수익 : 200,000 (16.10.31 청구권 확정분)

    답 ②

07 중앙관서 A부처는 B기업과 'XYZ'수익이 발생하는 계약을 체결하였다. 계약기간은 20X1년 10월 1일부터 20X2년 9월 30일까지이며, 계약금액은 ₩100,000이다. 계약서상 A부처는 20X1년 12월 1일 ₩40,000, 20X2년 6월 1일 ₩60,000을 청구할 수 있다. 'XYZ'수익이 교환수익과 비교환수익에 해당될 경우, A부처의 수익인식에 대한 설명으로 옳은 것은? (단, 기간은 월할 계산한다)

2022. 국가직 7급

① 교환수익에 해당할 경우 20X1년도에 인식할 수익은 ₩0이다.

② 교환수익에 해당할 경우 20X2년도에 인식할 수익은 ₩40,000이다.

③ 비교환수익에 해당할 경우 20X1년도에 인식할 수익은 ₩25,000이다.

④ 비교환수익에 해당할 경우 20X2년도에 인식할 수익은 ₩60,000이다.

┃해설

	교환수익에 해당하는 경우	비교환수익에 해당하는 경우
X1년도 수익	100,000×3/12=25,000	40,000
X2년도 수익	100,000×9/12=75,000	60,000
계	100,000	100,000

교환수익에 해당하는 경우 수익창출활동이 끝나고 그 금액을 합리적으로 측정할 수 있을 때 인식한다. 수익창출활동이 20X1년 10월 1일부터 20X2년 9월 30일까지 이루어지므로 20X1년에 3개월, 20X2년에 9개월에 해당하는 수익을 인식한다.

비교환수익에 해당하는 경우 수익에 대한 청구권이 발행하고 그 금액을 합리적으로 측정할 수 있을 때 인식한다. 따라서 각 연도별로 청구할 수 있는 금액을 수익으로 인식한다.

답 ④

3. 비용의 인식기준 심화

비용은 국가의 재정활동과 관련하여 재화 또는 용역을 제공하여 발생하거나, 직접적인 반대급부 없이 발생하는 자원 유출이나 사용 등에 따른 순자산의 감소를 말한다. 비용은 다음 각 기준에 따라 인식한다.

(1) 재화나 용역의 제공 등 국가재정활동 수행을 위하여 자산이 감소하고 그 금액을 **합리적으로 측정할 수 있을 때** 또는 법령 등에 따라 지출에 대한 의무가 존재하고 그 금액을 **합리적으로 측정할 수 있을 때**

법령 등에 따라 지출에 대한 의무가 존재하더라도 그 금액을 합리적으로 측정할 수 있어야만 비용으로 인식할 수 있다는 것을 주의하자.

(2) 과거에 자산으로 인식한 자산의 미래 경제적 효익이 감소 또는 소멸하거나 자원의 지출 없이 부채가 발생 또는 증가한 것이 명백한 때

4. 지자체회계의 수익과 비용

(1) 수익과 비용의 정의 : 관리전환 및 기부채납 제외! 중요!

수익은 순자산의 증가를, 비용은 순자산의 감소를 말한다. 이때, **회계 간의 재산 이관, 물품 소관의 전환, 기부채납 등으로 생긴 순자산의 증감은** 재정운영표의 **수익 및 비용에 포함하지 않고**, 재정상태표의 순자산에 직접 포함시키며, 순자산변동표에 순자산의 증감으로 그 내역을 표시한다.

(2) 수익(≒국가회계의 비교환수익)의 종류

수익은 재원조달의 원천에 따라 다음의 세 가지로 구분한다. 수익의 종류까지 외우는 것은 수험생에게 큰 부담이다. 각 항목이 어떤 수익에 해당하는지 외우기보다는 '다음 항목들이 수익에 해당한다.'는 정도만 기억하고 나머지 선지들로 답을 판단하자.

종류	설명	항목
자체조달수익	지방자치단체가 독자적인 권한과 징수를 통하여 조달한 수익	지방세수익, 경상세외수익, 임시세외수익
정부간이전수익	회계실체가 국가 또는 다른 지자체로부터 이전받은 수익	교부금수익, 보조금수익 등
기타수익	자체조달수익과 정부간이전수익으로 열거되지 않은 수익	전입금수익, 기부금수익 등

06 「지방자치단체 회계기준에 관한 규칙」상 수익과 비용의 정의 및 인식기준에 대한 설명으로 옳지 않은 것은?

2017. 지방직 9급 수정

① 교환거래로 생긴 수익은 사용료, 수수료, 보조금 등을 포함한다.

② 물품 소관의 전환 등으로 생긴 순자산의 감소는 비용에 포함하지 아니한다.

③ 교환거래로 생긴 수익은 수익창출활동이 끝나고 그 금액을 합리적으로 측정할 수 있을 때에 인식한다.

④ 비교환거래에 의한 비용은 가치의 이전에 대한 의무가 존재하고 그 금액을 합리적으로 측정할 수 있을 때에 인식한다.

> **┃해설**
>
> 보조금은 비교환거래에 해당한다.
>
> 답 ①

07 지방자치단체 수익에 대한 설명으로 옳지 않은 것은?

2018. 국가직 9급

① 지방자치단체가 과세권을 바탕으로 징수하는 세금은 자체조달 수익으로 분류한다.

② 지방자치단체가 기부채납방식으로 자산을 기부받는 경우 기부시점에 수익으로 인식한다.

③ 회계실체가 국가 또는 다른 지방자치단체로부터 이전받은 수익은 정부간이전수익으로 분류한다.

④ 교환거래로 생긴 수익은 수익창출이 끝나고 그 금액을 합리적으로 측정할 수 있을 때에 인식한다.

> **┃해설**
>
> 지방자치단체가 기부채납방식으로 자산을 기부받는 경우 재정운영표에 수익으로 인식하는 것이 아니라, 순자산변동표에 순자산 증가로 표시한다.
>
> 답 ②

08 다음은 지방자치단체 A의 20X1년 재무제표 작성을 위한 자료이다. (단, 아래 이외의 다른 거래는 없다)

- 20X1년 지방자치단체 A가 운영한 사업의 총원가는 ₩500,000이며, 사용료수익은 ₩200,000 이다.
- 20X1년 관리운영비 ₩100,000이 발생하였다.
- 20X1년 사업과 관련이 없는 자산처분이익 ₩50,000과 이자비용 ₩10,000이 발생하였다.
- 20X1년 지방세수익은 ₩200,000이다.

20X1년 지방자치단체 A의 재정운영표상 재정운영순원가와 재정운영결과를 바르게 연결한 것은?

2022. 국가직 9급

	재정운영순원가	재정운영결과
①	₩100,000	₩360,000
②	₩160,000	₩360,000
③	₩360,000	₩100,000
④	₩360,000	₩160,000

▌해설

사업총원가	500,000
사업수익	(200,000)
사업순원가	300,000
관리운영비	100,000
비배분비용	10,000
비배분수익	(50,000)
재정운영순원가	**360,000**
일반수익	(200,000)
재정운영결과	**160,000**

수익, 비용별 구분〉
사용료수익: 사업수익
사업과 관련이 없는 자산처분이익: 비배분수익
이자비용: 비배분비용
지방세수익: 일반수익

답 ④

5. 원가계산 (국가≒지자체)

원가계산은 거의 출제되지 않는 지엽적인 주제이므로 한번만 읽어보고 넘어가자. 원가 투입의 주체와 세부사항을 정하는 주체만 다를 뿐 국가와 지자체의 규정이 거의 같다.

	국가	지자체
(1) 원가의 정의	원가는 **중앙관서의 장 또는 기금관리주체**가 프로그램의 목표를 달성하고 성과를 창출하기 위하여 직접적·간접적으로 투입한 경제적 자원의 가치를 말한다.	원가는 **회계실체**가 사업의 목표를 달성하고 성과를 창출하기 위하여 직접적·간접적으로 투입한 경제적 자원의 가치를 말한다.
(2) 세부사항	원가 집계 대상과 배부기준 등 원가계산에 관한 세부적인 사항은 **기획재정부장관**이 정하는 바에 따른다.	원가의 계산에 관한 세부적인 사항은 **행정안전부장관**이 정하는 바에 따른다.

> **예제**

09 「국가회계기준에 관한 규칙」의 수익과 비용에 대한 설명으로 옳은 것은? 2021. 국가직 7급

① 정부가 부과하는 방식의 국세는 납세의무자가 세액을 자진신고하는 때에 수익으로 인식한다.

② 신고·납부하는 방식의 국세는 국가가 고지하는 때에 수익으로 인식한다.

③ 원가는 중앙관서의 장 또는 기금관리주체가 프로그램의 목표를 달성하고 성과를 창출하기 위하여 직접적·간접적으로 투입한 경제적 자원의 가치를 말한다.

④ 재화나 용역의 제공 등 국가재정활동 수행을 위하여 자산이 감소하고 그 금액을 합리적으로 측정할 수 있을 때 또는 금액을 합리적으로 측정할 수 없더라도 법령 등에 따라 지출에 대한 의무가 존재한다면 비용으로 인식한다.

> **▌해설**
>
> ① 부과하는 방식의 국세는 '국가가 고지하는 때에' 수익으로 인식한다.
>
> ② 신고·납부하는 방식의 국세는 '납세의무자가 세액을 자진신고하는 때에' 수익으로 인식한다.
>   ①번과 ②번의 수익 인식 시기를 서로 바꾸어서 선지를 구성하였다.
>
> ④ 재화나 용역의 제공 등 국가재정활동 수행을 위하여 자산이 감소하고 그 금액을 합리적으로 측정할 수 있을 때 또는 법령 등에 따라 지출에 대한 의무가 존재하고 '그 금액을 합리적으로 측정할 수 있을 때에' 비용으로 인식한다.
>
> 답 ③

7 국고금회계

	일반회계	특별회계		기금	
		기타특별	기업특별	중앙관서장이 관리 O	중앙관서장이 관리 X
국고금	O				X
국고금 회계	O (행정형 회계)		X (사업형 회계)		

1. 국고금 및 국고금회계

(1) 국고금

'국고금'이란, **일반회계, 특별회계 및 중앙관서의 장이 관리하는 기금**이 보유하는 현금 및 현금성 자산을 의미한다. 국고금 관리법에 따라 **중앙관서의 장이 관리하지 않는 기금은 국고금에 포함되지 않으며**, '현금 및 현금등가물'로 분류한다. 그러나 모든 국고금이 국고금회계를 적용하는 것은 아니다.

(2) 국고금회계

'국고금회계'란, 국고로 불입되어 관리되는 수입, 예산의 배정에 따른 지출 등을 하나로 모아 회계처리 하기 위한 자금관리 회계를 말한다. 이전에 **행정형 회계로 배웠었던 회계실체들이 국고금회계의 대상**이다. 행정형 회계인 일반회계와 기타특별회계는 예산배정을 통해 재원을 마련하므로 수입과 지출을 국고금계정에서 회계처리하게 된다.

반면, 별도로 자금을 운용할 수 있는 **사업형 회계**(기업특별회계 및 기금)**는 국고금회계 적용대상에서 제외**한다.

 **WHY?** 국고금회계와 비교환수익

비교환수익을 사업형 회계는 재정운영표에 표시하지만, 행정형 회계는 순자산변동표의 '재원의 조달 및 이전'에 표시한다는 것을 배웠었다. 행정형 회계는 자금을 국고로부터 지원받으므로 이를 재정운영표 상 '수익'으로 표시할 수 없다. 따라서 순자산변동표의 '재원의 조달'로 기재하는 것이다. 이해를 돕기 위한 설명일 뿐, **사업형 회계와 행정형 회계의 비교환수익 처리 방법만 기억하면 된다.**

(3) 국고금회계의 결산 : 2단계 재무제표에 해당

국고금회계는 기획재정부의 하부 회계로 2단계 중앙관서 재무제표와는 독립하여 결산을 수행한 뒤, 3단계 국가 재무제표 작성 시 다른 중앙관서 재무제표와 함께 통합한다. 2단계에서 독립적이고, 3단계에서 통합되므로 편의상 **국고금은 '2단계에 있는 여러 중앙관서 중 하나'**라고 기억하자.

2. 국고금회계의 회계처리

	중앙관서	국고금회계
중앙관서 → 국고금회계	(예금 / 수익) **국고이전지출** / 예금	예금 / 국고이전수입
국고금회계 → 중앙관서	예금 / **국고수입** (비용 / 예금)	세출예산지출액 / 예금

(1) 국고금 유입

국고금회계의 대상인 행정형 회계(일반회계 및 기타특별회계)는 현금이 유입되었을 때 직접 보유할 수 없으며, 전부 국고금회계에 불입하게 된다. 아이가 명절에 친척 어른들에게 용돈을 받으면 아이가 돈을 보유하는 것이 아니라 부모가 맡아주는 것과 유사한 개념이라고 보면 된다. 이때 중앙관서는 **'국고이전지출'**이라는 계정과목을 사용하며, 국고금회계는 **'국고이전수입'**이라는 계정과목을 사용한다.

(2) 국고금 지출

행정형 회계는 현금을 직접 보유할 수 없기 때문에 자금을 집행하기 위해서는 국고금회계로부터 예산을 배정받아 지출해야 한다. 부모에게 돈을 받아서 쓰는 것과 유사한 개념이다. 이때 중앙관서는 국고금으로부터 받은 수익을 **'국고수입'**이라는 계정과목으로 표시하며, 국고금회계는 중앙관서에 배정한 예산을 **'세출예산지출액'**이라는 계정과목으로 표시한다.

(3) 국가 재무제표 작성 시 국고금 이전거래 제거

국고금은 '2단계에 있는 여러 중앙관서 중 하나'로 이해하면 된다고 했었다. 2단계 중앙관서 재무제표와는 독립적이며, 3단계 국가 재무제표 작성 시에는 다른 중앙관서 재무제표와 통합되기 때문이다. 중앙관서 재무제표에서는 중앙관서와 국고금회계 간의 거래가 제거되지 않지만, **국가 재무제표 작성 시**에는 국고금 이전거래가 내부거래에 해당하므로 제거해주어야 한다. 이때 **'국고이전지출-국고이전수입', '세출예산지출액-국고수입'이 서로 상계제거**된다. 이 4가지 계정과목이 각각 어느 상황에, 어느 회계가 계상하는 것인지 외우자.

(4) 국고수입 및 국고이전지출: 순자산변동표 상 재원의 조달 및 이전

중앙관서와 국고금회계 간의 현금흐름은 재원의 조달 및 이전으로 분류한다.
중앙관서 회계처리 상에 표시되는 **국고수입과 국고이전지출은 순자산변동표 상에 '재원의 조달 및 이전'란에 기재**된다. 비교환수익(ex)부담금수익, 채무면제이익)과 헷갈리지 않도록 주의하자.

01 다음은 A 중앙관서의 일반회계 20X1년도 자료이다. 이를 근거로 A 중앙관서의 20X1년 말 순자산변동표에 계상될 기말순자산액은? 2018. 국가직 7급

- 20X1년 기초순자산은 ₩300,000이고, 재정운영결과는 ₩200,000이다.
- 20X1년 중 국고수입은 ₩150,000이고, 채무면제이익은 ₩50,000이다.
- 20X1년 중 국고이전지출은 ₩120,000이고, 무상이전 지출은 ₩40,000이다.
- 20X1년 중 투자목적 장기투자증권을 ₩10,000에 취득하였으며, 재정상태표일 현재 공정가액 은 ₩30,000이다.

① ₩160,000 ② ₩180,000
③ ₩550,000 ④ ₩560,000

해설

	기본순자산	적립금 및 잉여금	순자산조정	합계
Ⅰ. 기초순자산	XXX	XXX	XXX	300,000
Ⅱ. 재정운영결과		(200,000)		(200,000)
Ⅲ. 재원의 조달 및 이전		조달 : 200,000 이전 : (160,000)		40,000
Ⅳ. 조정항목			20,000	20,000
Ⅴ. 기말순자산	XXX	XXX	XXX	160,000

(1) 비교환수익

일반회계는 행정형 회계이므로 비교환수익(채무면제이익 ₩50,000)을 재정운영표가 아닌 순자산변동표에 반영한다. 따라서 비교환수익이 '재정운영결과 ₩200,000'에 반영되어 있지 않으며, 별도로 반영해주어야 한다.

만약 문제가 사업형 회계(기금, 기업특별)로 제시되었다면 비교환수익이 재정운영결과에 포함되어 있으므로 별도로 반영해주어서는 안 된다.

(2) 재원의 조달 및 이전

조달: 국고수입+비교환수익=200,000

이전: 국고이전지출+무상이전지출=40,000

- 중앙관서와 국고금회계 간의 현금흐름(국고수입, 국고이전지출)은 재원의 조달 및 이전으로 분류한다.
- 중앙관서 간의 무상이전거래도 재원의 조달 및 이전으로 분류한다. 따라서 무상이전지출은 재원의 이전에 해당한다.

(3) 조정항목

금융자산 평가이익: 30,000-10,000=20,000

투자목적 금융자산의 평가손익은 순자산조정에 반영한다.

답 ①

다음은 20X1년 중앙관서 A부처 기타특별회계의 재무제표 작성을 위한 자료이다. 재무제표에 대한 설명으로 옳지 않은 것은? 2021. 국가직 7급

- 프로그램총원가 ₩28,000, 프로그램수익 ₩12,000
- 관리운영비: 인건비 ₩5,000, 경비 ₩3,000
- 프로그램과 직접적인 관련이 없는 수익과 비용: 이자비용 ₩1,000, 자산처분손실 ₩1,000, 자산처분이익 ₩2,000
- 국고수입 ₩10,000, 부담금수익 ₩5,000, 채무면제이익 ₩10,000, 국고이전지출 ₩3,000
- 기초순자산 ₩20,000(기본순자산 ₩5,000, 적립금 및 잉여금 ₩10,000, 순자산조정 ₩5,000)

① 재정운영표상 재정운영결과는 ₩24,000이다.
② 순자산변동표상 재원의 조달 및 이전은 ₩22,000이다.
③ 순자산변동표상 기말 적립금 및 잉여금은 ₩7,000이다.
④ 순자산변동표상 기말순자산은 ₩18,000이다.

💬 해설

(1) 재정운영표

프로그램총원가	28,000
(-) 프로그램수익	(12,000)
프로그램순원가	16,000
(+) 관리운영비	8,000
(+) 비배분비용	2,000
(-) 비배분수익	(2,000)
재정운영순원가	24,000
(-) 비교환수익	-
재정운영결과	①24,000

① 비배분비용: 이자비용, 자산처분손실
② 비배분수익: 자산처분이익
　- 프로그램과 직접적인 관련이 없는 수익과 비용은 비배분손익에 해당한다.

(2) 재원의 조달 및 이전

국고수입	10,000
부담금수익	5,000
채무면제이익	10,000
국고이전지출	(3,000)
계	②22,000

① 국고수입, 국고이전지출

중앙관서와 국고금회계 간의 현금흐름은 재원의 조달 및 이전으로 분류한다.

② 비교환수익(부담금수익, 채무면제이익)

행정형 회계에 해당하는 '기타특별회계'이므로 비교환수익은 재정운영표가 아닌 순자산변동표
상 재원의 조달 및 이전란에 적는다.

(3) 순자산변동표

	기본순자산	적립금 및 잉여금	순자산조정	순자산 계
기초	5,000	10,000	5,000	20,000
재정운영결과		(24,000)		(24,000)
재원의 조달 및 이전		22,000		22,000
기말	5,000	③8,000	5,000	④18,000

기말 적립금 및 잉여금은 8,000이다.

답 ③

김 용 재 의
코어 공무원 회계학 정부회계

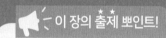이 장의 출제 뽀인트!

01 재정상태표의 특징　　**02** 자산, 부채의 인식기준-유산자산, 국가안보자산

03 재정상태표의 구성요소

재정상태표는 기업회계의 재무상태표에 해당하는 재무제표이다. 바로 밑에 등장하는 재정상태의 특징과 유산자산, 국가안보자산은 말문제로 자주 등장하는 내용이다. 이외에 재정상태표의 구성요소를 묻는 문제도 간혹 출제되는 편이다. 4장에서는 국가회계와 지자체회계의 차이를 오답 선지로 많이 만들기 때문에 둘을 비교하면서 공부하자.

CHAPTER

04

재정상태표

1 재정상태표의 특징

재정상태표는 재정상태표일 현재의 자산과 부채의 명세 및 상호관계 등 재정상태를 나타내는 재무제표로서 자산, 부채 및 순자산으로 구성된다. 재정상태표는 다음의 특징을 지닌다. 마지막 미결산항목의 정리는 지자체회계에만 적용되는 규정이다.

1. 유동성 순서 배열법 강제(↔기업회계 : 선택 가능) 중요!

자산과 부채는 **유동성이 높은 항목부터 배열**한다. 기업회계에서는 유동성 순서 배열법과 유동-비유동 배열법 중 선택 적용 가능하지만, 정부회계에서는 유동성 순서 배열법을 강제하고 있다.

2. 총액 표시 중요!

자산, 부채 및 순자산은 **총액으로 표시**한다. 이 경우 자산 항목과 부채 또는 순자산 항목을 **상계함**으로써 그 전부 또는 일부를 재정상태표에서 제외**해서는 아니 된다.** '상계해도 된다'고 제시되면 틀린 문장이다.

3. 미결산항목의 정리 (지자체에만 존재)

가지급금이나 가수금 등의 미결산항목은 그 내용을 나타내는 적절한 과목으로 표시하고, 비망계정은 재정상태표의 자산 또는 부채항목으로 표시하지 않는다. 가끔 출제된 적이 있는 문장이므로 알아두자. 가지급금(가수금)은 현금지출(수입)이 발생했으나 이것을 처리할 계정과목이 확정되지 않았을 때, 그것이 확정될 때까지 임시로 처리해 두는 가계정이다. 재정상태표를 작성할 때에는 이러한 미결산항목을 그대로 두지 말고 적절한 계정으로 표시해야 한다.

비망(備望)계정은 어떤 경제활동의 발생을 잊지 않기 위하여 기록하는 계정을 의미한다. 대표적인 예로 상각이 끝난 자산이 있다. 세법상으로는 상각자산의 잔존가치를 대부분 ₩1,000으로 본다. 상각이 완료되었을 때 잔존가치가 ₩0이라면 실제 자산이 있음에도 불구하고 재무제표에 자산이 표시되지 않기 때문이다. 따라서 상각이 완료된 자산을 ₩1,000으로 계상하는데, 이것이 비망계정이다.

〈국가의 재정상태표〉

■ 국가회계기준에 관한 규칙 [별지 제1호서식]

재정상태표

당기 : 20X2년 12월 31일 현재
전기 : 20X1년 12월 31일 현재

OO기금, OO부처, 대한민국 정부　　　　　　　　　　　　　　　　　　　(단위 :　　　　)

	20X2	20X1
자산		
Ⅰ. 유동자산	XXX	XXX
1.　현금 및 현금성자산	XXX	XXX
2.　단기금융상품	XXX	XXX
3.　단기투자증권	XXX	XXX
4.　미수채권	XXX	XXX
5.　단기대여금	XXX	XXX
6.　기타 유동자산	XXX	XXX
Ⅱ. 투자자산	XXX	XXX
1.　장기금융상품	XXX	XXX
2.　장기투자증권	XXX	XXX
3.　장기대여금	XXX	XXX
4.　기타 투자자산	XXX	XXX
Ⅲ. 일반유형자산	XXX	XXX
1.　토지	XXX	XXX
2.　건물	XXX	XXX
3.　구축물	XXX	XXX
4.　기계장치	XXX	XXX
5.　집기 · 비품 · 차량운반구	XXX	XXX
6.　전비품	XXX	XXX
7.　기타 일반유형자산	XXX	XXX
8.　건설 중인 일반유형자산	XXX	XXX
Ⅳ. 사회기반시설	XXX	XXX
1.　도로	XXX	XXX
2.　철도	XXX	XXX
3.　항만	XXX	XXX
4.　댐	XXX	XXX
5.　공항	XXX	XXX
6.　하천	XXX	XXX

7. 상수도	XXX		XXX
8. 국가어항	XXX		XXX
Ⅴ. 무형자산		XXX	XXX
1. 산업재산권	XXX		XXX
2. 광업권	XXX		XXX
3. 소프트웨어	XXX		XXX
4. 기타무형자산	XXX		XXX
Ⅵ. 기타 비유동자산		XXX	XXX
1. 장기미수채권	XXX		XXX
자산계		XXX	XXX

부채

Ⅰ. 유동부채		XXX	XXX
1. 단기국채	XXX		XXX
2. 단기공채	XXX		XXX
3. 단기차입금	XXX		XXX
4. 유동성장기차입부채	XXX		XXX
5. 기타 유동부채	XXX		XXX
Ⅱ. 장기차입부채		XXX	XXX
1. 국채	XXX		XXX
2. 공채	XXX		XXX
3. 장기차입금	XXX		XXX
4. 기타 장기차입부채	XXX		XXX
Ⅲ. 장기충당부채		XXX	XXX
1. 퇴직급여충당부채	XXX		XXX
2. 연금충당부채	XXX		XXX
3. 보험충당부채	XXX		XXX
4. 기타 장기충당부채	XXX		XXX
Ⅳ. 기타 비유동부채		XXX	XXX
1. 장기미지급금	XXX		XXX
부채계		XXX	XXX

순자산

Ⅰ. 기본순자산		XXX	XXX
Ⅱ. 적립금 및 잉여금		XXX	XXX
Ⅲ. 순자산조정		XXX	XXX
순자산계		XXX	XXX
부채와순자산계		XXX	XXX

〈지자체의 재정상태표〉

■ 지방자치단체 회계기준에 관한 규칙 [별지 제1호서식]

재정상태표

20XX년 12월31일 현재
20XX년 12월31일 현재

지방자치단체명 (단위 : 원)

과 목	해당연도(20XX년)						직전연도(20XX년)					
	일반회계	기타특별회계	기금회계	지방공기업특별회계	내부거래	계	일반회계	기타특별회계	기금회계	지방공기업특별회계	내부거래	계
자산												
I. 유동자산												
현금및현금성자산												
단기금융상품												
II. 투자자산												
장기금융상품												
장기대여금												
III. 일반유형자산												
토지												
건물												
건물감가상각누계액												
IV. 주민편의시설												
도서관												
주차장												
V. 사회기반시설												
도로												
도시철도												
VI. 기타비유동자산												
보증금												
무형자산												
자산 총계												
부채												
I. 유동부채												
단기차입금												
유동성장기차입부채												
II. 장기차입부채												
장기차입금												
지방채증권												
III. 기타비유동부채												
퇴직급여충당부채												
부채 총계												
순자산												
I. 고정순자산												
II. 특정순자산												
III. 일반순자산												
순자산 총계												
부채와 순자산 총계												

2 재정상태표의 구성요소

재정상태표는 자산, 부채, 순자산으로 구성되어 있다. 국가회계와 지자체회계에서 각각의 정의는 조금씩 다르지만, 의미는 비슷하므로 국가회계의 정의로 공부해도 무방하다. 다음은 국가회계에 따른 정의이다.

1. 자산의 정의 : 공공서비스 or 경제적 효익

자산은 과거의 거래나 사건의 결과로 현재 국가회계실체가 소유(**실질적으로 소유하는 경우를 포함**한다) 또는 통제하고 있는 자원으로서, 미래에 **공공서비스**를 제공할 수 있거나 직접 또는 간접적으로 **경제적 효익**을 창출하거나 창출에 기여할 것으로 기대되는 자원을 말한다. 실질적으로 소유하는 경우를 '제외'한다고 오답으로 제시된 적이 있으므로 유의하자.

기업회계에서는 자산의 정의에서 경제적 효익을 강조하는데 반해 정부회계에서는 공공서비스를 강조한다. 정부는 현금을 창출할 수 없더라도 공공의 편익을 증진 시킬 수 있다면 그 자산을 보유하기 때문이다.

2. 부채 (국가=지자체)

부채는 과거의 거래나 사건의 결과로 국가회계실체가 부담하는 의무로서, 그 이행을 위하여 미래에 자원의 유출 또는 사용이 예상되는 현재의 의무를 말한다.

3. 순자산 (국가=지자체)

자산에서 부채를 차감한 금액. 순자산의 분류는 순자산변동표에서 다루었으므로 생략한다.

3 자산, 부채의 인식기준

다음은 국가회계와 지자체회계의 자산, 부채 인식기준이다. 같다고 봐도 무방하다.

	국가회계 : '매우 높고'	지자체회계 : '거의 확실'
자산	자산은 공용 또는 공공용으로 사용되는 등 **공공서비스**를 제공할 수 있거나 직접적 또는 간접적으로 **경제적 효익**을 창출하거나 창출에 기여할 가능성이 **매우 높고** 그 가액을 **신뢰성 있게 측정**할 수 있을 때에 인식한다.	
부채	부채는 국가회계실체가 부담하는 현재의 의무 중 향후 그 이행을 위하여 지출이 발생할 가능성이 **매우 높고** 그 금액을 **신뢰성 있게 측정**할 수 있을 때 인식한다.	부채는 회계실체가 부담하는 현재의 의무를 이행하기 위하여 경제적 효익이 유출될 것이 **거의 확실**하고 그 금액을 **신뢰성 있게 측정**할 수 있을 때에 인식한다.

> **주의** 자산, 부채의 인식기준 '매우 높은' & '거의 확실'

기업회계에서는 경제적 효익의 유출입 가능성이 '높은' 경우 재무제표에 인식한다. 수익 기준서 1단계 '계약의 식별'에서 회수가능성이 '높은 경우' 계약으로 식별한다는 것을 떠올리면 된다.

반면, 정부회계에서는 경제적 효익의 유출입 가능성이 '매우' 높거나 (국가), '거의 확실'해야 (지자체) 재무제표에 인식한다. 기업회계와 다르다 보니 위 문장들이 출제되었을 때 어색하다고 느낄 수 있다. 위 용어들이 맞는 문장이라는 것을 기억하자.

1. 유산자산(=지자체 '관리책임자산') : 자산 X, 필수보충정보

현재 세대와 미래 세대를 위하여 정부가 영구히 보존하여야 할 자산으로서 역사적, 자연적, 문화적, 교육적 및 예술적으로 중요한 가치를 갖는 자산(유산자산)은 **자산으로 인식하지 아니하고** 그 종류와 현황 등을 **필수보충정보**로 공시한다.

한편, 지자체의 유산자산은 '**관리책임자산**'이라고 부른다. 문화재, 예술작품, 역사적 문건 및 자연자원은 **자산으로 인식하지 아니하고 필수보충정보**의 관리책임자산으로 보고한다. 모든 규정은 유산자산과 동일하게 적용된다.

> 김수석의 **WHY?** 유산자산 및 관리책임자산을 자산으로 인식하지 않는 이유 : 측정 불가!
>
> 광화문이나 남산 등이 각각 유산자산과 관리책임자산에 속하는데, 이들은 **신뢰성 있는 측정이 불가능하다.** 광화문을 얼마로 평가하겠는가. 과거에서부터 내려오던 것이므로 '취득원가'의 개념이 없기 때문이다. 따라서 **재정상태표에 자산으로 인식하지 않고, 필수보충정보에 현황 등을 공시하는 것이다.**

2. 국가안보자산 : 자산 X, 별도의 장부

국가안보와 관련된 자산, 부채는 기획재정부장관과 협의하여 **자산으로 인식하지 아니할 수 있다.** 이 경우 해당 중앙관서의 장은 해당 자산의 종류, 취득시기 및 관리현황 등을 **별도의 장부**에 기록하여야 한다.

> 김수석의 **핵심콕!** 유산자산과 국가안보자산의 표시 방법 중요!
>
> | | 유산자산(=관리책임자산) | 국가안보자산 |
> |---|---|---|
> | 재정상태표 | 자산 X (신뢰성 있는 측정 불가) | 자산으로 인식하지 '않을 수'있음 (선택) |
> | 공시 | 필수보충정보 | 별도 장부에 기록 (외부에 공시 X) |
>
> 유산자산은 필수보충정보로 공시하고, 국가안보자산은 별도 장부에 기록한다는 점에 유의하자. '국가안보자산은 필수보충정보에 공시한다.'라고 제시된다면 틀린 문장이다. 국가안보자산은 '**적에게 숨기기 위해서**'자산으로 인식하지 않을 수 있도록 예외 규정을 둔 것이다. 자산으로 인식하지 않고 필수보충정보로 공시하면 예외 규정의 실익이 없어진다.

예제

01 「지방자치단체 회계기준에 관한 규칙」의 재정상태표에 대한 설명으로 가장 옳지 않은 것은?
2019. 서울시 7급

① 재정상태표는 특정 시점의 회계실체의 자산과 부채의 내역 및 상호관계 등 재정상태를 나타내는 재무제표로서 자산·부채 및 자본으로 구성된다.

② 부채는 회계실체가 부담하는 현재의 의무를 이행하기 위하여 경제적 효익이 유출될 것이 거의 확실하고 그 금액을 신뢰성 있게 측정할 수 있을 때에 인식한다.

③ 자산과 부채는 유동성이 높은 항목부터 배열하는 것을 원칙으로 한다.

④ 가지급금이나 가수금 등의 미결산항목은 그 내용을 나타내는 적절한 과목으로 표시하고, 비망계정은 재정상태표의 자산 또는 부채항목으로 표시하지 않는다.

> **해설**
> 재정상태표는 자산, 부채 및 **순자산**으로 구성된다.
>
> 답 ①

02 「국가회계기준에 관한 규칙」상 자산의 정의와 인식기준으로 가장 옳지 않은 것은?
2017. 서울시 7급

① 자산은 공용 또는 공공용으로 사용되는 등 공공서비스를 제공할 수 있거나 직접적 또는 간접적으로 경제적 효익을 창출하거나 창출에 기여할 가능성이 매우 높고 그 가액을 신뢰성 있게 측정할 수 있을 때에 인식한다.

② 현재 세대와 미래 세대를 위하여 정부가 영구히 보존하여야 할 자산으로서 역사적, 자연적, 문화적, 교육적 및 예술적으로 중요한 가치를 갖는 유산자산은 자산으로 인식하지 아니하고 그 종류와 현황 등을 필수보충정보로 공시한다.

③ 국가안보와 관련된 자산은 기획재정부장관과 협의하여 자산으로 인식하지 아니할 수 있다. 이 경우 해당 중앙관서의 장은 해당 자산의 종류, 취득시기 및 관리현황 등을 별도의 장부에 기록하여야 한다.

④ 자산은 과거의 거래나 사건의 결과로 현재 국가 회계실체가 소유(실질적으로 소유하는 경우를 제외한다)하고 있는 자원으로서 미래에 공공서비스를 제공할 수 있거나 직접 또는 간접적으로 경제적 효익을 창출할 것으로 기대하는 자원을 말한다.

> **해설**
> 자산은 국가 회계실체가 소유(실질적으로 소유하는 경우를 **포함**한다)하고 있는 자원이다.
>
> 답 ④

03 「국가회계기준에 관한 규칙」상 자산의 인식기준으로 옳지 않은 것은? 2015. 국가직 7급

① 자산은 공용 또는 공공용으로 사용되는 등 공공서비스를 제공할 수 있거나 직접적 또는 간접적으로 경제적 효익을 창출하거나 창출에 기여할 가능성이 매우 높아야 한다.

② 자산은 그 가액을 신뢰성 있게 측정할 수 있어야 한다.

③ 국가안보와 관련된 자산은 기획재정부장관과 협의하여 자산으로 인식하지 아니할 수 있다.

④ 현재 세대와 미래 세대를 위하여 정부가 영구히 보존하여야 할 자산으로서 역사적, 자연적, 문화적, 교육적 및 예술적으로 중요한 가치를 갖는 유산자산은 재정상태표상 자산으로 인식한다.

> **┃해설**
> 유산자산은 재정상태표상 자산으로 인식하는 것이 아니라 필수보충정보로 공시한다.
>
> 답 ④

4 국가회계와 지자체회계의 재정상태표 비교

	국가회계(6/4/3)	지자체회계(6/3/3)
자산	1. 유동자산 2. 투자자산 3. 일반유형자산 4. 사회기반시설 **5. 무형자산** 6. 기타 비유동자산	1. 유동자산 2. 투자자산 3. 일반유형자산 4. 사회기반시설 **5. 주민편의시설** 6. 기타 비유동자산
부채	1. 유동부채 2. 장기차입부채 **3. 장기충당부채** 4. 기타비유동부채	1. 유동부채 2. 장기차입부채 – 3. 기타비유동부채
순자산	1. 기본순자산 2. 적립금 및 잉여금 3. 순자산조정	1. 고정순자산 2. 특정순자산 3. 일반순자산

1. 자산

다음의 두 문장은 자주 출제된 문장이다. 옳은 문장으로 나올수도 있고, 서로 섞어서 틀린 문장으로도 나올 수 있으니 유의하자.

> "국가회계는 자산을 유동자산, 투자자산, 일반유형자산, 사회기반시설, **무형자산** 및 기타 비유동자산으로 구분하여 재정상태표에 표시한다."
>
> "지자체회계는 자산을 유동자산, 투자자산, 일반유형자산, **주민편의시설**, 사회기반시설 및 기타 비유동자산으로 분류한다."

국가와 지자체의 재정상태표 항목에서 다음 네 가지를 주의하자.

(1) 자산의 분류 : 국가, 지자체 모두 6개!

자산의 분류 개수를 기억하면 위의 문장에서 무언가를 빠트렸을 때 보다 쉽게 찾아낼 수 있을 것이다. 국가와 지자체 모두 자산의 분류는 6개씩이다. 국가의 무형자산과 지자체의 주민편의시설이 상대방의 재정상태표에는 표시되지 않는다.

(2) 무형자산 : 지자체 X

지자체회계가 보유하는 무형자산은 별도 중분류가 아닌 기타비유동자산에 포함시켜서 표시한다. **지자체 재정상태표에서 자산의 분류에 무형자산이 있다고 언급하면 틀린 선지이다.**

(3) 주민편의시설 : 국가 X

주민편의시설은 지자체의 재정상태표에만 표시되는 자산이다. **국가 재정상태표에서 자산의 분류에 주민편의시설이 있다고 언급하면 틀린 선지이다.** 오답으로 '국민' 편의시설이 제시된 적이 있었다.

(4) 유산자산 : 재정상태표 상 자산 X

유산자산은 재정상태표에 인식하는 것이 아니라 **필수보충정보**로 표시하는 정보이다. 재정상태표의 구성요소에 유산자산을 포함시켜 틀린 문장으로 많이 등장했다.

2. 부채 : 국가 4개, 지자체 3개

> "국가회계는 부채를 유동부채, 장기차입부채, **장기충당부채** 및 기타비유동부채로 분류한다."
> "지자체회계는 부채를 유동부채, 장기차입부채 및 기타비유동부채로 분류한다."

장기충당부채는 국가회계에만 표시되는 부채이다. 국가와 지자체가 자산, 부채를 각각 몇 개로 분류하는지 외우자.

예제

01 국가 재정상태표에는 존재하지 않고 지방자치단체 재정상태표에만 존재하는 항목은?

2013. 지방직 9급

① 사회기반시설　　　　　　　　② 투자자산
③ 주민편의시설　　　　　　　　④ 유동자산

> **해설**
> 주민편의시설은 지자체 재정상태표에만 존재한다.
>
> 답 ③

---

02 『국가회계기준에 관한 규칙』에서 정한 재정상태표 요소의 구분과 표시에 대한 설명으로 옳지 않은 것은?

2016. 국가직 9급

① 재정상태표는 자산, 부채, 순자산으로 구성되며, 자산 항목과 부채 또는 순자산 항목을 상계하지 않고 총액으로 표시한다.
② 자산은 유동자산, 투자자산, 일반유형자산, 유산자산, 무형자산 및 기타 비유동자산으로 구분한다.
③ 부채는 유동부채, 장기차입부채, 장기충당부채 및 기타 비유동부채로 구분한다.
④ 순자산은 기본순자산, 적립금 및 잉여금, 순자산조정으로 구분한다.

> **해설**
> ② 유산자산을 사회기반시설로 고쳐야 한다. 유산자산은 자산으로 계상하지 않고 필수보충정보에 공시한다.
>
> 답 ②

5 자산의 구성요소

다음은 자산별 정의이다. 지자체회계에만 있는 주민편의시설을 제외하고는 전부 국가회계 상의 정의이다. 주민편의시설을 제외한 5가지 자산은 정의가 거의 비슷하기 때문에 국가회계 상의 정의로 기억해도 무방하다.

1. 유동자산

유동자산은 재정상태표일부터 1년 이내에 현금화되거나 사용될 것으로 예상되는 자산으로서, 현금 및 현금성자산, 단기금융상품, 단기투자증권, 미수채권, 단기대여금 및 기타 유동자산 등을 말한다.

2. 투자자산

투자자산은 투자 또는 권리행사 등의 목적으로 보유하고 있는 자산으로서, 장기금융상품, 장기투자증권, 장기대여금 및 기타 투자자산 등을 말한다.

3. 일반유형자산 : 정부에서 사용(예 청와대, 대통령 경호차량)

일반유형자산은 고유한 **행정활동에** 1년 이상 **사용**할 목적으로 취득한 자산(사회기반시설은 제외)으로서, **토지, 건물, 구축물, 기계장치, 집기 · 비품 · 차량운반구**, 전비품, 기타 일반유형자산 및 건설 중인 일반유형자산 등을 말한다. 전비품은 전쟁의 억제 또는 수행에 직접적으로 사용되는 전문적인 군사장비와 탄약 등을 말한다.

4. 사회기반시설 : 같이 사용 (예 인천공항, 경부고속도로)

사회기반시설은 **국가의 기반**을 형성하기 위하여 대규모로 투자하여 건설하고 그 경제적 효과가 장기간에 걸쳐 나타나는 자산으로서, **도로, 철도, 항만, 댐, 공항, 하천, 상수도**, 국가어항, 기타 사회기반시설 및 건설 중인 사회기반시설 등을 말한다.

5. 주민편의시설 : 주민이 사용, 국가 X(예 한강시민공원)

주민편의시설은 주민의 편의를 위하여 1년 이상 반복적 또는 계속적으로 사용되는 자산으로서 **도서관, 주차장, 공원, 박물관 및 미술관** 등을 말한다. 주민편의시설은 국가의 재정상태표에 표시하지 않는다는 점을 기억하자.

주의	일반유형자산 vs 사회기반시설 vs 주민편의시설

	일반유형자산	사회기반시설	주민편의시설 (국가 B/S X)
사용 주체	**정부**가 사용	**같이** 사용 (대규모 인프라)	**주민**이 사용 (소규모 시설)
사례	건물, 차량운반구	도로, 공항	도서관, 주차장, 공원

일반유형자산, 사회기반시설, 주민편의시설 모두 기업회계에서는 유형자산에 속하는 자산으로, 구분이 낯설 수 있다. 쉽게 생각하면, **일반유형자산은 정부가, 사회기반시설은 같이, 주민편의시설은 주민이 사용하는 자산**이라고 외우자. 일반유형자산에는 행정활동에 필요한 시청 건물, 관용차량 등이, 사회기반시설에는 고속도로, 인천공항, 한강 등이, 주민편의시설에는 도서관, 주차장, 공원 등이 포함된다. **기출 문제에서 각 자산별로 세부 항목을 서로 바꾸어 출제한 적이 있다.** 세 분류의 개념을 구분하자.

예제

01 「지방자치단체 회계기준에 관한 규칙」에서 규정하고 있는 자산 분류를 나타낸 것으로 적절하지 않은 것은?

2014. 국가직 9급

① 유동자산 : 현금및현금성자산, 단기금융상품, 미수세외수입금 등

② 투자자산 : 장기금융상품, 장기대여금, 장기투자증권 등

③ 주민편의시설 : 주차장, 도로, 공원 등

④ 사회기반시설 : 상수도시설, 수질정화시설, 하천부속시설 등

> **해설**
>
> 도로는 주민편의시설이 아니라 사회기반시설에 해당한다.
>
> 답 ③

6. 무형자산 : 지자체 X

무형자산은 일정 기간 독점적 · 배타적으로 이용할 수 있는 권리인 자산으로서, 산업재산권, 광업권, 소프트웨어, 기타 무형자산 등을 말한다. **무형자산은 지자체의 재정상태표에는 별도 분류로 표시하지 않는다**는 점을 기억하자. 지자체의 무형자산은 기타비유동자산의 하위항목으로 포함된다.

7. 기타 비유동자산

기타 비유동자산은 유동자산, 투자자산, 일반유형자산, 사회기반시설 및 무형자산에 해당하지 아니하는 자산을 말한다.

예제

02 「국가회계기준에 관한 규칙」에 따른 자산에 대한 설명으로 옳지 않은 것은? 2023. 국가직 7급

① 자산은 공용 또는 공공용으로 사용되는 등 공공서비스를 제공할 수 있거나 직접적 또는 간접적으로 경제적 효익을 창출하거나 창출에 기여할 가능성이 매우 높고 그 가액을 신뢰성 있게 측정할 수 있을 때에 인식한다.

② 현재 세대와 미래 세대를 위하여 정부가 영구히 보존하여야 할 자산으로서 역사적, 자연적, 문화적, 교육적 및 예술적으로 중요한 가치를 갖는 자산은 자산으로 인식하지 아니하고 그 종류와 현황 등을 필수보충정보로 공시한다.

③ 국가안보와 관련된 자산은 국방부장관과 협의하여 자산으로 인식하지 아니할 수 있다. 이 경우 해당 중앙관서의 장은 해당 자산의 종류, 취득시기 및 관리현황 등을 별도의 장부에 기록하지 않는다.

④ 사회기반시설은 국가의 기반을 형성하기 위하여 대규모로 투자하여 건설하고 그 경제적 효과가 장기간에 걸쳐 나타나는 자산으로서, 도로, 철도, 항만, 댐, 공항, 하천, 상수도, 국가어항, 기타 사회기반시설 및 건설 중인 사회기반시설 등을 말한다.

> ▌해 설
>
> 국가안보와 관련된 자산은 기획재정부장관과 협의하여 자산으로 인식하지 아니할 수 있다. 이 경우 해당 중앙관서의 장은 해당 자산의 종류, 취득시기 및 관리현황 등을 **별도의 장부에 기록하여야 한다.**
>
> 답 ③

6 부채의 구성요소

다음은 국가회계 상의 부채별 정의이다. 정의가 거의 비슷하기 때문에 국가회계 상의 정의로 기억해도 무방하다. **장기충당부채가 지자체의 재정상태표에는 표시되지 않는다**는 점을 기억하자.

1. 유동부채

유동부채는 재정상태표일부터 1년 이내에 상환하여야 하는 부채로서 단기국채, 단기공채, 단기차입금, 유동성장기차입부채 및 기타 유동부채 등을 말한다.

2. 장기차입부채

장기차입부채는 재정상태표일부터 1년 후에 만기가 되는 확정부채로서 국채, 공채, 장기차입금 및 기타 장기차입부채 등을 말한다.

3. 장기충당부채 : 지자체 X

장기충당부채는 지출시기 또는 지출금액이 불확실한 부채로서 퇴직급여충당부채, 연금충당부채, 보험충당부채 및 기타 장기충당부채 등을 말한다. 지자체는 국가에 비해 기장 능력이 떨어지기 때문에 현실적으로 장기충당부채를 재정상태표에 계상하기 어렵다. **장기충당부채는 지자체의 재정상태표에는 표시되지 않는다**는 점을 기억하자.

4. 기타 비유동부채

기타 비유동부채는 유동부채, 장기차입부채 및 장기충당부채에 해당하지 아니하는 부채를 말한다.

예제

03 다음은 「국가회계기준에 관한 규칙」과 「지방자치단체 회계기준에 관한 규칙」에 대한 설명
이다. 가장 옳지 않은 것은?

① 「지방자치단체 회계기준에 관한 규칙」에서는 「국가회계기준에 관한 규칙」과 달리 부채의
분류에 장기충당부채가 포함된다.

② 「지방자치단체 회계기준에 관한 규칙」에서는 「국가회계기준에 관한 규칙」과 달리 자산의
분류에 주민편의시설이 포함된다.

③ 「지방자치단체 회계기준에 관한 규칙」에서는 「국가회계기준에 관한 규칙」과 달리 현금흐
름표가 재무제표에 포함된다.

④ 「국가회계기준에 관한 규칙」에서 순자산은 기본순자산, 적립금 및 잉여금, 순자산조정으
로 구분되나, 「지방자치단체 회계기준에 관한 규칙」에서는 고정순자산, 특정순자산 및 일
반순자산으로 분류하고 있다.

┃해설

국가에는 지자체와 달리 장기충당부채가 포함된다. 국가와 지자체의 위치를 서로 바뀌었다.

답 ①

김 용 재 의
코 어 공 무 원 회 계 학 정 부 회 계

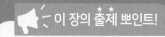 이 장의 출제 뽀인트!

01 자산의 평가 예외: 공정가액   **02** 유가증권 및 재고자산의 평가

03 일반유형자산 및 사회기반시설의 평가   **04** 부채의 평가

정부회계의 대부분의 문제가 5장에서 출제될 만큼 자산과 부채의 평가는 상당히 **자주 출제되는 주제**이며, 내용도 방대하여 문제의 난이도가 높은 편이다. 특히, **국가회계와 지자체회계의 규정 차이가 나는 부분**이 까다롭다. 둘의 차이를 비교하면서 공부하자. 대부분의 문제가 국가회계 위주로 출제가 되므로 국가회계 기준으로 설명할 것이며, 아무런 언급이 없다면 지자체는 동일하게 적용된다고 기억하면 된다. 앞으로 여러 자산과 부채의 평가에 대해서 배울 것인데, 문제가 특정 부분에서 몰려 나오는 것이 아니라 다양한 부분에서 출제된다. 중요한 문장에는 중요 표시를 해두었으니 중요 문장 위주로 보되, 나머지 문장들도 한 번씩 읽어보는 방식으로 공부하자.

CHAPTER

05

자산과 부채의 평가

1 자산의 평가

1. 원칙 : 취득원가

재정상태표에 표시하는 자산의 가액은 **취득원가**를 기초로 하여 인식한다.

예제

01 국가회계기준에 대한 설명으로 옳지 않은 것은?   2020. 국가직 9급

① 재무제표는 재정상태표, 재정운영표, 순자산변동표로 구성하되, 재무제표에 대한 주석도 포함된다.

② 자산은 유동자산, 투자자산, 일반유형자산, 사회기반시설, 무형자산 및 기타 비유동자산으로 구분하여 재정상태표에 표시한다.

③ 순자산은 자산에서 부채를 뺀 금액을 말하며, 기본순자산, 적립금 및 잉여금, 순자산조정으로 구분한다.

④ 재정상태표에 표시하는 자산의 가액은 해당 자산의 공정가액을 기초로 하여 계상한다.

> **◀해설**
>
> ④ 자산의 평가는 공정가액으로 하는 예외를 제외하고는 원칙적으로 취득원가로 한다.
>
> 🔲 ④

2. 예외 : 공정가액 ⭐중요!

관리전환		국가회계	지자체회계
	무상	**장부가액**	회계 간의 재산 이관,
	유상	공정가액	물품 소관의 전환 : **장부가액**
교환		공정가액	
기부채납		공정가액	
무주부동산		무주부동산 : 공정가액	무상취득 : 공정가액

국가, 지자체 모두 재정상태표에 표시하는 자산의 가액은 취득원가를 기초로 계상하며, 공정가액을 적용하는 예외가 있다. '공정가액'이란 합리적인 판단력과 거래의사가 있는 독립된 당사자 간에 거래될 수 있는 교환가격을 말한다. 국가와 지자체별로 공정가액을 적용하는 예외에 다소 차이가 있으니 주의하자.

(1) 관리전환(지자체: 회계 간의 재산이관, 물품 소관의 전환)

	국가	지자체
무상관리전환	장부금액	장부가액
유상관리전환	공정가액	

관리전환이란 국가 내의 각 관리청 간에, 혹은 각 지방자치단체 간에 자산의 소관을 이전하는 것을 의미한다. 지자체에서는 이를 **'회계 간의 재산 이관'**, **'물품 소관의 전환'**이라고 부른다. **국가는** 관리전환을 유상과 무상으로 구분하여 **유상의 경우만 공정가액**으로 측정하는 반면, **지자체는 구분 없이 모두 장부가액**으로 인식한다.

(2) 교환(국가=지자체≒IFRS)

교환은 국가와 지자체의 규정이 일치하며, 이는 기업회계의 규정과 유사하다. 기업회계에서 상업적 실질이 있는 경우 현금수수액이 없다고 가정하면 신자산의 취득원가가 구자산의 공정가치가 되었다. 이는 정부회계에서도 동일하게 적용되며, 국가와 지자체의 규정도 동일하다.

(3) 기부채납

기부채납이란 기부를 통해 정부가 자산을 무상으로 취득하는 것을 말한다. 국가와 지자체 모두 기부채납으로 취득한 자산을 공정가액으로 평가한다.

(4) 무주부동산 취득(국가) 및 무상취득(지자체)

무주부동산이란 소유주가 없는 부동산을 의미한다. 국가가 소유주가 없는 부동산을 자산으로 인식하는 경우 공정가액으로 평가하며, 동액만큼 이익을 인식한다. 지자체가 무상으로 취득한 자산은 공정가액으로 평가한다.

02 다음 자료를 이용하여 국가회계실체인 A부의 재정상태표에 표시할 자산의 장부가액은?

2018. 국가직 9급

- 국가회계실체인 B부가 ₩200,000,000으로 계상하고 있던 토지를 관리전환 받아 공정가액 ₩300,000,000을 지급하고 취득함
- 국가 외의 상대방으로부터 공정가액 ₩1,000,000,000인 건물을 무상으로 기부받고 동시에 건물에 대하여 10년에 걸쳐 사용수익권 ₩500,000,000을 기부자에게 제공하기로 함
- 공정가액 ₩700,000,000인 무주토지를 발굴하여 자산에 등재함

① ₩1,400,000,000   ② ₩1,500,000,000
③ ₩2,000,000,000   ④ ₩2,500,000,000

> **해설**
>
> | | |
> |---|---:|
> | 유상관리 전환 : FV | 300,000,000 |
> | 기부채납 : FV | 1,000,000,000 |
> | 사용수익권 : 자산의 차감 | (500,000,000) |
> | 무주부동산 : FV | 700,000,000 |
> | **자산 합계** | **1,500,000,000** |
>
> 답 ②

03 「국가회계기준에 관한 규칙」에 대한 설명으로 옳지 않은 것은?

2024. 국가직 9급

① 기타 유동자산은 미수수익, 선급금, 선급비용 및 재고자산 등을 말한다.
② 중앙관서 또는 기금의 순자산변동표는 기초순자산, 재정운영결과, 재원의 조달 및 이전, 조정항목, 기말순자산으로 구분하여 표시한다.
③ 무주부동산의 취득, 국가 외의 상대방과의 교환 또는 기부채납 등의 방법으로 자산을 취득한 경우에는 취득 당시의 공정가액을 취득원가로 한다.
④ 국가회계실체 사이에 발생하는 관리전환은 유상거래일 경우에는 자산의 장부가액을 취득원가로 한다.

> **해설**
>
> 국가회계실체 사이에 발생하는 관리전환은 유상거래일 경우에는 자산의 공정가액을 취득원가로 한다.
>
> 답 ④

3. 손상 (국가=지자체=IFRS)

지자체의 경우 손상차손환입 규정이 없지만, 지엽적인 내용이므로 손상 규정 모두 같다고 보자.

(1) 손상 기준금액 : 회수가능액

(2) 손상차손 : 재정운영순원가(PL)

(3) 손상차손환입 : 재정운영순원가(PL)

- 한도 : 해당 자산이 감액되지 아니하였을 경우의 장부가액

4. 대손

다음은 국가와 지자체의 대손충당금 규정이다. 둘 다 **대손충당금을 설정한다는 것만 기억**하면 될 뿐, 둘 간의 차이점은 중요하지 않으므로 한 번씩 읽고 넘어가면 된다.

국가	지자체
미수채권, 장기대여금 또는 단기대여금은 신뢰성 있고 객관적인 기준에 따라 산출한 대손추산액을 **대손충당금으로 설정**하여 평가한다.	미수세금은 합리적이고 객관적인 기준에 따라 평가하여 **대손충당금을 설정**하고 이를 미수세금에서 차감하는 형식으로 표시하며, 대손충당금의 내역은 **주석으로 공시**한다. 미수세외수입금, 단기대여금, 장기대여금 등에 대해서도 동일한 규정을 적용한다.

5. 유가증권의 평가 중요!

(1) 취득원가

"유가증권은 매입가액에 부대비용을 더하고 종목별로 **총평균법** 등을 적용하여 산정한 가액을 취득원가로 한다."

취득원가 계산 시 매입가액에 부대비용을 더하는 것은 기업회계에서 배운 것과 동일하다. 기출문제에서 부대비용을 '제외'한다고 틀린 문장을 제시한 적이 있었다.

(2) 평가 : 지자체는 공정가액 평가 X

① 국가

"유가증권은 자산의 분류기준에 따라 단기투자증권과 장기투자증권으로 구분한다."
"채무증권은 **상각후취득원가**로 평가하고, 지분증권과 기타 장·단기투자증권은 **취득원가**로 평가한다. 다만, **투자목적**의 장·단기투자증권인 경우에는 신뢰성 있게 공정가액을 측정할 수 있으면 그 **공정가액**으로 평가하며, 장부가액과 공정가액의 차이금액은 **순자산변동표에 조정항목**으로 표시한다."

	투자목적	이외
채무증권(채권)	공정가액	상각후취득원가 (AC)
지분증권(주식)		취득원가

유가증권이 **투자목적**의 증권이라면 **공정가액**으로, 이외의 증권이라면 **채무증권**은 **상각후원가(AC)**로, **지분증권**은 **취득원가**로 평가한다. **공정가액 평가손익**은 순자산변동표에 '**순자산 조정**' 항목으로 표시한다. FVOCI 금융자산의 평가손익을 OCI로 인식하는 것과 동일한 개념이다.
정부회계에서 단기매매항목인 FVPL 금융자산은 없다고 이해하면 된다. 기출문제에서 '평가손익을 장기투자증권은 순자산변동으로, 단기투자증권은 재정운영순원가로 보고한다'라고 틀린 선지를 제시한 적이 있다. **정부회계는 투자증권의 장, 단기 구분 없이 전부 순자산조정으로 표시한다.**
② 지자체 : 평가 X!

"장기투자증권은 매입가격에 부대비용을 더하고 이에 종목별로 총평균법을 적용하여 산정한 **취득원가로 평가**함을 원칙으로 한다."

지자체회계에는 순자산조정이 없다고 배운 바 있다. **지자체는 유가증권**을 취득원가로 계상한 뒤, **공정가액 변동을 인식하지 않는다.**

 **꿀팁!** 정부회계에는 FVPL 금융자산이 없다!

'정부회계에는 FVPL 금융자산이 없다'라고 생각하면 정부회계의 유가증권 평가방법을 쉽게 기억할 수 있을 것이다. 정부회계에서는 **유가증권의 취득부대비용을 매입가액에 가산하며, 공정가액 평가손익은 순자산조정으로 인식**한다. FVPL 금융자산처럼 취득부대비용을 당기비용으로 인식하거나, 공정가액 평가손익을 재정운영순원가로 인식하지 않는다.

(3) 손상

유가증권의 회수가능가액이 장부가액 미만으로 하락하고 그 하락이 장기간 계속되어 회복될 가능성이 없을 경우에는 장부가액과의 차액을 감액손실로 인식하고 **재정운영순원가에 반영**한다. 평가손익은 순자산조정으로 표시하는 것과 달리, 감액손실은 재정운영순원가에 반영한다.

예제

04 「국가회계기준에 관한 규칙」상 유가증권 평가에 대한 설명으로 옳지 않은 것은? 2016. 서울시 7급

① 유가증권은 자산의 분류기준에 따라 단기투자증권과 장기투자증권으로 구분한다.

② 유가증권은 매입가액에 부대비용을 더하고 종목별로 총평균법 등을 적용하여 산정한 가액을 취득원가로 한다.

③ 채무증권, 지분증권 및 기타 장·단기투자증권은 취득원가로 평가한다.

④ 유가증권의 회수가능가액이 장부가액 미만으로 하락하고 그 하락이 장기간 계속되어 회복될 가능성이 없을 경우에는 장부가액과의 차액을 감액손실로 인식하고 재정운영순원가에 반영한다.

> **해설**
> 채무증권은 상각후원가로 평가한다. 지분증권 및 기타 장·단기투자증권은 취득원가 평가가 맞다. '투자목적'의 장·단기투자증권만 공정가액 평가를 한다.
>
> 답 ③

6. 재고자산의 평가 중요!

지자체가 저가법을 적용하지 않는다는 점을 제외하고는 국가와 지자체의 재고자산 평가 방법은 동일하다.

(1) 취득원가=제조원가 또는 매입가액+부대비용

(2) 원가흐름의 가정

원칙	선입선출법
예외	다른 방법을 적용하는 것이 보다 합리적이라고 인정되는 경우에는 개별법, 이동평균법 등을 적용하고 그 내용을 주석으로 표시

(3) 저가법 (=기업회계) : 지자체 X

재고자산의 시가가 취득원가보다 낮은 경우에는 시가를 재정상태표 가액으로 한다. 저가법 규정은 기업회계와 동일하다. 단, **지자체의 경우 저가법을 적용하고 있지 않다.**

원재료 외의 재고자산	순실현가능가액
원재료	현행대체원가

핵심콕! 유가증권 vs 재고자산

	유가증권	재고자산
취득원가	매입가액**+부대비용**	
원가흐름의 가정	**총평균법** 등	**선입선출법** (다른 방법 적용 시 주석 공시)

예제

05 「국가회계기준에 관한 규칙」상 자산과 부채의 평가에 대한 설명으로 옳지 않은 것은?

2015. 국가직 7급

① 재고자산의 시가가 취득원가보다 낮은 경우에는 시가를 재정상태표 가액으로 하며, 생산 과정에 투입될 원재료의 시가는 순실현가능가액을 말한다.

② 재고자산은 제조원가 또는 매입가액에 부대비용을 더한 금액을 취득원가로 한다.

③ 재고자산은 실물흐름과 원가산정 방법 등에 비추어 선입선출법 이외의 방법을 적용하는 것이 보다 합리적이라고 인정되는 경우에는 개별법, 이동평균법 등을 적용하고 그 내용을 주석으로 표시한다.

④ 국가회계실체 사이에 발생하는 관리전환은 무상거래일 경우에는 자산의 장부가액을 취득 원가로 하고, 유상거래일 경우에는 자산의 공정가액을 취득원가로 한다.

> **해설**
>
> 저가법은 기업회계와 규정이 일치한다. 원재료의 시가는 현행대체원가이다.
>
> 目 ①

7. 압수품 및 몰수품의 평가 : 지자체 X

압수품 및 몰수품은 다음과 같이 평가한다. 지자체의 경우 압수품 및 몰수품에 관한 규정이 없다. 압수품 및 몰수품의 평가는 자주 출제되는 주제는 아니므로 한 번만 읽어보고 넘어가자.

화폐성자산	압류 또는 몰수 당시의 시장가격
비화폐성자산	압류 또는 몰수 당시의 감정가액 또는 공정가액

8. 일반유형자산 및 사회기반시설의 평가

지자체는 감가상각방법, 재평가 여부를 제외하고는 국가회계와 일치한다. 지자체에만 존재하는 주민편의시설에도 본 규정을 적용한다.

(1) 취득원가=건설원가 또는 매입가액+부대비용

(2) 감가상각방법

국가	객관적이고 합리적인 방법으로 추정한 기간에 정액법 '등'을 적용
지자체	정액법을 원칙으로 함

국가는 정액법 외의 감가상각방법을 인정하지만, 지자체는 정액법을 원칙으로 한다.

(3) 사회기반시설 중 감가상각의 예외 : 도로, 철도 등 ⭐중요!⭐

국가와 지자체 모두 감가상각의 예외 조항이 있다. 도로 등과 같이 계속해서 사용할 수 있는 자산의 경우 감가상각하지 않을 수 있으며, 제한 사항이 있다. 다음은 국가와 지자체의 규정으로, 둘을 구분할 필요 없이 같은 규정이라고 보자. **제한사항은 중요하지 않다. 사회기반시설 중 감가상각하지 않을 수 있는 예외가 있다는 것만 기억하면 된다.**

	국가	지자체
예외 대상	사회기반시설 중 관리 · 유지 노력에 따라 취득 당시의 용역 잠재력을 그대로 유지할 수 있는 시설	사회기반시설 중 유지보수를 통하여 현상이 유지되는 도로, 도시철도 등
감가 상각비	감가상각하지 않는 대신, 관리 · 유지 비용으로 **감가상각비용을 대체할 수 있다.**	
제한 사항	효율적인 사회기반시설 관리시스템으로 사회기반시설의 용역 잠재력이 취득 당시와 같은 수준으로 유지된다는 것이 객관적으로 증명되는 경우로 한정한다.	감가상각을 하지 아니한 이유를 주석으로 공시한다.

(4) 사용수익권 : 자산 차감항목! (not 부채) ⭐중요!⭐

"일반유형자산 및 사회기반시설에 대한 사용수익권은 해당 **자산의 차감항목**에 표시한다."
사용수익권이란, 국가 및 지자체가 민간으로부터 건물, 도로 등을 기부받는 대신에 기부한 주체에게 일정 기간동안 사용할 수 있는 권리를 주는 것이다.
기업회계에서 자기주식을 자산이 아닌 자본의 차감항목으로 분류하는 것과 같이, **사용수익권은 부채가 아닌 자산의 차감항목으로 분류**한다. 기출문제에서 '사용수익권은 부채로 분류한다.'와 같이 틀린 선지로 제시된 적이 있으므로 유의하자.

(5) 재평가 : 지자체 X

일반유형자산과 사회기반시설을 취득한 후 재평가할 때에는 **공정가액**으로 계상하여야 한다. 다만, 해당 자산의 공정가액에 대한 합리적인 증거가 없는 경우 등에는 재평가일 기준으로 재생산 또는 재취득하는 경우에 필요한 가격에서 경과연수에 따른 감가상각누계액 및 감액손실누계액을 뺀 가액으로 재평가하여 계상할 수 있다.

재평가 방법은 기업회계와 동일하다. '오르면 OCI, 내려가면 PL, 상대방 것이 있다면 제거 후 초과분만 인식'의 방식으로 처리하면 된다. OCI는 순자산조정, PL은 재정운영순원가에 대응된다. **지자체에는** 순자산조정(OCI)이 없으므로 유형자산의 **재평가 규정이 없다.**

(6) 취득 후 지출(=기업회계)

일반유형자산 및 사회기반시설의 내용연수를 연장시키거나 가치를 실질적으로 증가시키는 지출은 자산의 증가로 회계처리하고, 원상회복시키거나 능률유지를 위한 지출은 비용으로 회계처리한다. 기업회계에서 배운 자본적 지출(자산에 가산), 수익적 지출(비용 처리)과 같은 개념이라고 보면 된다.

예제

06 『지방자치단체 회계기준에 관한 규칙』에서 규정하는 자산의 회계처리에 대한 설명으로 옳은 것은?

2017. 국가직 9급

① 재고자산은 구입가액에 부대비용을 더하고 이에 총평균법을 적용하여 산정한 가액을 취득원가로 평가함을 원칙으로 한다.

② 장기투자증권은 매입가격에 부대비용을 더하고 이에 종목별로 선입선출법을 적용하여 산정한 취득원가로 평가함을 원칙으로 한다.

③ 주민편의시설 중 상각대상 자산에 대한 감가상각은 정액법을 원칙으로 한다.

④ 사회기반시설 중 유지보수를 통하여 현상이 유지되는 도로, 도시철도, 하천부속시설 등에 대한 감가상각은 사용량비례법을 원칙으로 한다.

> **┃해설**
> ① 재고자산은 '선입선출법'을 적용하여 평가함을 원칙으로 한다. (X)
> ② 장기투자증권은 종목별로 '총평균법'을 적용하여 지자체의 경우 공정가치 평가하지 않고 취득원가로 계상하는 것이 원칙이다. ①과 ②의 선입선출법과 총평균법을 서로 바꾸어 출제하였다. (X)
> ③ 국가는 정액법 '등'을 적용할 수 있지만, 지자체는 정액법을 원칙으로 한다. (O)
> ④ 사회기반시설 중 유지보수를 통하여 현상이 유지되는 도로 등은 감가상각 대상에서 제외할 수 있다. (X)
>
> 目 ③

07 「지방자치단체 회계기준에 관한 규칙」상 자산의 평가에 대한 설명으로 옳은 것은?

2019. 지방직 9급

① 미수세금은 합리적이고 객관적인 기준에 따라 평가하여 대손충당금을 설정하고 이를 미수세금 금액에서 차감하는 형식으로 표시하며, 대손충당금의 내역은 주석으로 공시한다.

② 재고자산은 구입가액에 부대비용을 더하고 이에 총평균법을 적용하여 산정한 가액을 취득원가로 할 수 있으나, 그 내용을 주석으로 공시할 필요는 없다.

③ 도로, 도시철도, 하천부속시설 등 사회기반시설은 예외 없이 감가상각하여야 한다.

④ 장기투자증권은 매입가격에 부대비용을 더하고 이에 종목별로 총평균법을 적용하여 산정한 취득원가로 기록한 후, 매년 말 공정가치와 장부금액을 비교하여 평가손익을 인식한다.

> **▌해설**
>
> ② 재고자산은 원칙적으로 선입선출법을 적용하나, 다른 방법을 적용하는 경우 주석으로 공시해야 한다.
>
> ③ 사회기반시설 중 감가상각하지 않는 예외가 있다. ex)도로
>
> ④ 지자체에는 금융자산에 대한 평가 규정이 없으며, 장기투자증권을 취득원가로 기록한다.
>
> 답 ①

9. 무형자산의 평가(=지자체)

(1) 취득원가 : 기업회계와 동일

무형자산은 해당 자산의 개발원가 또는 매입가액에 부대비용을 더한 금액을 취득원가로 하여 평가한다.

(2) 상각 : 정액법, 20년 초과 불가

무형자산은 **정액법**에 따라 해당 자산을 사용할 수 있는 시점부터 합리적인 기간동안 상각한다. 이 경우 상각기간은 독점적 · 배타적인 권리를 부여하고 있는 관계 법령이나 계약에서 정한 경우를 제외하고는 **20년을 초과할 수 없다.**

> **참고** **기업회계의 무형자산 상각 규정과 비교 : 정액법, 잔존가치 0**
>
> 무형자산의 상각방법은 자산의 경제적 효익이 소비될 것으로 예상되는 형태를 반영한 방법이어야 한다. 다만, 그 형태를 신뢰성 있게 결정할 수 없는 경우에는 **정액법**을 사용한다.
>
> 내용연수가 유한한 무형자산의 잔존가치는 특별한 경우를 제외하고는 **영(0)으로 본다.**

기업회계에서도 무형자산에 대해 정액법을 적용하긴 하지만 원칙적으로는 '경제적 효익이 소비될 것으로 예상되는 형태를 반영한 방법'을 적용하도록 가능성을 열어주고 있다. 하지만 **정부회계에서는 정액법만 사용**하도록 규정하고 있다.

또한, 기업회계에는 내용연수에 대한 규정이 없으나 **정부회계에서는 20년을 초과할 수 없다는** 규정이 있다.

08 「국가회계기준에 관한 규칙」과 「지방자치단체 회계기준에 관한 규칙」에 대한 설명으로 옳지 않은 것은?

① 「국가회계기준에 관한 규칙」에 따르면 사회기반시설 중 관리·유지 노력에 따라 취득 당시의 용역 잠재력을 그대로 유지할 수 있는 시설에 대해서는 감가상각하지 아니하고 관리·유지에 투입되는 비용으로 감가상각비용을 대체할 수 있다.

② 「지방자치단체 회계기준에 관한 규칙」에 따르면 자산은 유동자산, 투자자산, 일반유형자산, 주민편의시설, 사회기반시설, 기타비유동자산으로 분류한다.

③ 「지방자치단체 회계기준에 관한 규칙」에 따르면 무형자산은 정액법에 따라 당해 자산을 사용할 수 있는 시점부터 합리적인 기간 동안 상각한다. 다만, 독점적·배타적인 권리를 부여하는 관계 법령이나 계약에서 정한 경우를 제외하고는 20년을 넘을 수 없다.

④ 「국가회계기준에 관한 규칙」에 따르면 현재 세대와 미래 세대를 위하여 정부가 영구히 보존하여야 할 자산으로서 역사적, 자연적, 문화적, 교육적 및 예술적으로 중요한 가치를 갖는 자산은 무형자산으로 인식한다.

> **해설**
>
> 현재 세대와 미래 세대를 위하여 정부가 영구히 보존하여야 할 자산으로서 역사적, 자연적, 문화적, 교육 및 예술적으로 중요한 가치를 갖는 자산(유산자산)은 자산으로 인식하지 아니하고 그 종류와 현황 등을 **필수보충정보**로 공시한다.
>
> 　　답 ④

2 부채의 평가

1. 원칙(=지자체) : 만기상환가액 ★★★ 중요!

"재정상태표에 표시하는 부채의 가액은 이 규칙에서 따로 정한 경우를 제외하고는 원칙적으로 **만기상환가액**으로 평가한다."

정말 자주 나오는 문장이다. 반드시 기억하자. 오답으로 '현재가치', '상각후원가' 등이 제시된 적이 있다. 만기상환가액은 현재가치가 아닌 만기에 지불하는 원리금 자체를 의미한다.

예제

01 『국가회계기준에 관한 규칙』에 대한 설명으로 옳지 않은 것은? 2015. 국가직 9급

① 재무제표는 재정상태표, 재정운영표, 순자산변동표로 구성하되 재무제표에 대한 주석을 포함한다.

② 현재 세대와 미래 세대를 위하여 정부가 영구히 보존하여야 할 자산으로서 역사적, 자연적, 문화적, 교육적 및 예술적으로 중요한 가치를 갖는 자산(유산자산)은 자산으로 인식하지 아니하고 그 종류와 현황 등을 필수보충정보로 공시한다.

③ 재정상태표에 표시하는 부채의 가액은 원칙적으로 현재가치로 평가한다.

④ 사회기반시설 중 관리·유지 노력에 따라 취득 당시의 용역 잠재력을 그대로 유지할 수 있는 시설에 대해서는 감가상각하지 아니하고 관리·유지에 투입되는 비용으로 감가상각비용을 대체할 수 있다.

해설

재정상태표에 표시하는 부채의 가액은 원칙적으로 만기상환가액으로 평가한다.

답 ③

---

02 「국가회계기준에 관한 규칙」 상 재정상태표에 대한 설명으로 옳은 것은? 2016. 국가직 7급

① 자산은 유동자산, 투자자산, 일반유형자산, 사회기반시설, 주민편의시설 및 기타비유동자산으로 구분한다.

② 부채의 가액은 「국가회계기준에 관한 규칙」에서 따로 정한 경우를 제외하고는 원칙적으로 현재가치로 평가한다.

③ 국가안보와 관련된 자산과 부채는 기획재정부장관과 협의하여 자산과 부채로 인식하지 아니할 수 있다.

④ 순자산은 고정순자산, 특정순자산 및 일반순자산으로 분류한다.

> **▌해 설**
>
> ① 주민편의시설은 지자체에만 표시되는 자산이다. 주민편의시설을 무형자산으로 교체해야 한다.
> ② 재정상태표에 표시하는 부채의 가액은 원칙적으로 만기상환가액으로 평가한다.
> ④ '고특일'은 지자체에 해당하는 설명이다. 국가는 기본순자산, 적립금 및 잉여금, 순자산조정으로 분류한다.
>
> 🗐 ③

03 『국가회계기준에 관한 규칙』에서 정한 자산과 부채의 평가에 대한 내용으로 옳지 않은 것은? 2016. 국가직 9급

① 일반유형자산에 대한 사용수익권은 해당 자산의 차감항목에 표시한다.

② 사회기반시설 중 관리·유지 노력에 따라 취득당시 용역 잠재력을 그대로 유지할 수 있는 시설에 대해서는 감가상각하지 아니하고 관리·유지에 투입되는 비용으로 감가상각 비용을 대체할 수 있다.

③ 유가증권은 부대비용을 제외한 매입가액에 종목별로 총평균법을 적용하여 산정한 가액을 취득원가로 한다.

④ 재정상태표에 표시하는 부채의 가액은 『국가회계기준에 관한 규칙』에 따로 정한 경우를 제외하고는 원칙적으로 만기상환가액으로 평가한다.

> **▌해 설**
>
> 유가증권의 매입가액에는 부대비용을 '포함'해야 한다.
>
> 🗐 ③

04 「국가회계기준에 관한 규칙」과 「지방자치단체 회계기준에 관한 규칙」상 자산, 부채의 평가에 대한 설명으로 옳지 않은 것은?　　　2020. 지방직 9급

① 국가의 도로는 관리, 유지 노력에 따라 취득 당시의 용역 잠재력을 그대로 유지할 수 있는 경우 감가상각 대상에서 제외할 수 있다.

② 재정상태표에 기록하는 자산의 가액은 해당 자산의 취득원가를 기초로 하여 계상함을 원칙으로 한다.

③ 부채의 가액은 따로 정한 경우를 제외하고는 원칙적으로 만기상환가액으로 평가한다.

④ 국가외 지방자치단체의 일반유형자산과 사회기반시설은 공정가액으로 재평가하여야 한다.

> **해설**
> 지자체는 국가와 달리 일반유형자산과 사회기반시설을 공정가액으로 재평가하지 않는다.
> '국가외'는 국가가 아닌 나머지를 의미한다.
>
> 目 ④

05 「지방자치단체 회계기준에 관한 규칙」에 대한 설명으로 옳은 것은?　　　2023. 지방직 9급

① 부채는 유동부채, 장기차입부채, 장기충당부채 및 기타 비유동부채로 구분하여 재정상태표에 표시한다.

② 특정순자산은 주민편의시설, 사회기반시설 및 무형자산의 투자액에서 그 시설의 투자재원을 마련할 목적으로 조달한 장기차입금 및 지방채증권 등을 뺀 금액으로 한다.

③ 부채의 가액은 회계실체가 지급의무를 지는 채무액을 말하며, 채무액은 이 규칙에서 정하는 것을 제외하고는 만기상환가액으로 함을 원칙으로 한다.

④ 교환거래에 의한 비용은 가치의 이전에 대한 의무가 존재하고 그 금액을 합리적으로 측정할 수 있을 때에 인식한다.

> **해설**
> ① 부채는 유동부채, 장기차입부채 및 기타 비유동부채로 구분하여 재정상태표에 표시한다.
> ② **고정순자산**은 주민편의시설, 사회기반시설 및 무형자산의 투자액에서 그 시설의 투자재원을 마련할 목적으로 조달한 장기차입금 및 지방채증권 등을 뺀 금액으로 한다.
> ④ **비교환거래**에 의한 비용은 가치의 이전에 대한 의무가 존재하고 그 금액을 합리적으로 측정할 수 있을 때에 인식한다.
>
> 目 ③

2. 채권·채무의 현재가치에 따른 평가

(1) 현재가치 평가

"장기연불조건의 거래, 장기금전대차거래 또는 이와 유사한 거래에서 발생하는 채권·채무로서 **명목가액과 현재가치의 차이가 중요한 경우에는 현재가치로 평가한다.**"

꽤 자주 나왔던 문장이다. '명목가액과 현재가치의 차이가 중요한 경우에도 현재가치 평가하지 않는다.'와 같이 오답으로 제시된 적이 있었다. **차이가 중요한 경우에는 현재가치 평가해야 한다**는 것을 기억하자.

(2) 유효이자율 상각 : 국채 유통수익률, 재정운영순원가

"현재가치 가액은 해당 채권·채무로 미래에 받거나 지급할 총금액을 해당 거래의 유효이자율(유효이자율을 확인하기 어려운 경우에는 유사한 조건의 **국채 유통수익률**을 말한다)로 할인한 가액으로 한다. 현재가치할인차금은 유효이자율로 매 회계연도에 환입하거나 상각하여 **재정운영순원가**에 반영한다."

현재가치 평가를 한 채권, 채무의 경우 유효이자율 상각을 수행한다. 이때 유효이자율을 확인하기 어렵다면 국채 유통수익률을 이용한다는 점을 기억하자. 지자체에도 이 규정을 동일하게 적용하는데, **지자체에서도** 지방채 유통수익률이 아닌 **국채 유통수익률을 이용한다.**

기업회계에서 유효이자율법으로 계산한 이자손익이 당기손익이듯, 현할차 환입액은 **재정운영순원가**에 반영한다.

3. 국채 및 지방채의 평가=기업회계의 사채

국가회계는 국채의 평가방법에 대해, 지자체회계는 지방채의 평가방법에 대해 서술하고 있다. 국채 및 지방채의 평가는 기업회계의 사채 회계처리와 같다.

(1) 최초 평가 : 발행가액-발행비용

(2) 액면가액과 발행가액의 차이 : 할인(할증)발행차금 계상

(3) 할인(할증)발행차금 환입 : 유효이자율 상각 시 이자비용에 가산(차감)

예제

05 「국가회계기준에 관한 규칙」상 자산과 부채의 평가에 대한 설명으로 옳지 않은 것은?

2021. 지방직 9급

① 재정상태표에 표시하는 자산의 가액은 해당 자산의 취득원가를 기초로 하여 계상한다.

② 국채는 국채발행수수료 및 발행과 관련하여 직접 발생한 비용을 뺀 발행가액으로 평가한다.

③ 일반유형자산은 해당 자산의 건설원가 또는 매입가액에 부대비용을 더한 금액을 취득원가로 하고, 객관적이고 합리적인 방법으로 추정한 기간에 정액법 등을 적용하여 감가상각한다.

④ 국가회계실체 사이에 발생하는 관리전환은 무상거래일 경우에는 자산의 공정가액을 취득원가로 하고, 유상거래일 경우에는 자산의 장부가액을 취득원가로 한다.

> **해설**
> 무상관리전환은 '장부가액'을, 유상관리전환은 '공정가액'을 취득원가로 한다. 장부가액과 공정가액의 위치를 서로 바꾸어야 한다.
>
> 답 ④

4. 퇴직급여충당부채의 평가 : 일시퇴직 가정, 공무원, (군인) 제외 **심화**

	국가	지자체	기업회계
가정	일시퇴직 가정		보험수리적 가정
제외 대상	공무원, **군인** 제외	공무원 제외	

● 국가회계는 지자체회계와 달리 퇴직급여충당부채 계산 시 군인도 제외한다.

(1) 국가 : 군인도 제외

퇴직급여충당부채는 재정상태표일 현재 「공무원연금법」 및 「**군인연금법**」을 적용받지 아니하는 퇴직금 지급대상자가 **일시에 퇴직**할 경우 지급하여야 할 퇴직금으로 평가한다. 퇴직금산정명세, 퇴직금추계액, 회계연도 중 실제로 지급한 퇴직금 등은 주석으로 표시한다.

(2) 지자체

퇴직급여충당부채는 회계연도말 현재 「공무원연금법」을 적용받는 지방 공무원을 제외한 무기계약근로자 등이 **일시에 퇴직**할 경우 지자체가 지급하여야 할 퇴직금으로 평가한다. 퇴직금 지급규정, 퇴직금 산정내역, 회계연도 중 실제로 지급한 퇴직금 등은 주석으로 표시한다.

(3) 일시퇴직 가정 vs 보험수리적 가정

국가 및 지자체에서 적용하는 일시퇴직 가정은 말 그대로 현재 있는 근로자들이 전부 퇴직한다고 가정할 때 지급해야 하는 퇴직금을 뜻한다. 반면 기업회계에서 적용하는 보험수리적 가정은 보험사에서 예상 근속연수 및 지급해야 할 퇴직금을 수리적 모형을 이용하여 산출한 퇴직금 예상액을 뜻한다. 보험수리적 가정을 적용하는 것은 어렵기 때문에 국가 및 지자체는 일시퇴직을 가정하여 퇴직급여충당부채를 평가한다.

예제

06 「지방자치단체 회계기준에 관한 규칙」상의 자산 및 부채 평가와 관련된 다음 설명 중 가장 옳은 것은?
2017. 서울시 9급

① 사회기반시설 중 유지보수를 통하여 현상이 유지되는 도로, 도시철도, 하천부속시설 등도 감가상각하여야 한다.

② 지방채증권은 발행가액으로 평가하되, 발행가액은 지방채증권 발행수수료 및 발행과 관련하여 직접 발생한 비용을 가산한 가액으로 한다.

③ 일반유형자산과 주민편의시설에 대한 사용수익권은 해당 자산의 차감항목으로 표시한다.

④ 퇴직급여충당부채는 회계연도말 현재 「공무원연금법」을 적용받는 지방공무원이 일시에 퇴직할 경우 지방자치단체가 지급하여야 할 퇴직금에 상당한 금액으로 한다.

> **해설**
>
> ① 유지보수를 통하여 현상이 유지되는 사회기반시설은 예외적으로 감가상각하지 않는다.
> ② 지방채증권은 발행가액으로 평가하되, 발행가액은 지방채증권 발행수수료 및 발행과 관련하여 직접 발생한 비용을 **차감**한 가액으로 한다.
> ④ 퇴직급여충당부채는 회계연도말 현재 「공무원연금법」을 적용받는 지방공무원을 **제외한 무기계약근로자 등이** 일시에 퇴직할 경우 지방자치단체가 지급하여야 할 퇴직금에 상당한 금액으로 한다. 공무원을 제외한다.
>
> 답 ③

07 「지방자치단체 회계기준에 관한 규칙」의 자산 및 부채의 평가에 대한 설명으로 옳은 것은?

2021. 국가직 9급 심화

① 일반유형자산과 주민편의시설은 당해 자산의 건설원가나 매입가액을 취득원가로 평가함을 원칙으로 한다.

② 무형자산은 정률법에 따라 당해 자산을 사용할 수 있는 시점부터 합리적인 기간동안 상각한다.

③ 사회기반시설 중 유지보수를 통하여 현상이 유지되는 도로, 도시철도, 하천부속시설 등은 감가상각대상에서 제외할 수 없다.

④ 퇴직급여충당부채는 회계연도말 현재 「공무원연금법」을 적용받는 지방공무원을 제외한 무기계약근로자 등이 일시에 퇴직할 경우 지방자치단체가 지급하여야 할 퇴직금에 상당한 금액으로 한다.

> ┃해설
>
> ① 일반유형자산과 주민편의시설은 당해 자산의 건설원가나 매입가액에 '부대비용을 더한' 취득원가로 평가함을 원칙으로 한다. 부대비용을 더한다는 표현이 빠져서 틀린 문장인데, 현장에서 답을 골라내기 어려운 문장이었다. (X)
>
> ② 무형자산은 '정액법'으로 상각한다. (X)
>
> ③ 사회기반시설 중 유지보수를 통해 현상이 유지되는 도로 등은 감가상각하지 않을 수 있다. (X)
>
> ④ 옳은 문장이다.
>
> 답 ④

5. 융자보조원가충당금과 보증충당부채의 평가 : 충당금 설정&현재가치

'융자보조원가충당금', '보증충당부채'등의 개념은 전혀 중요하지 않다. 다음 두 문장이 나왔을 때 옳은 문장이라는 것만 판단할 수 있으면 된다.

> **"융자보조원가충당금은** 융자사업에서 발생한 융자금 **원금과 추정 회수가능액의 현재가치와의 차액으로 평가**한다."
>
> **"보증충당부채는** 보증약정 등에 따른 피보증인인 주채무자의 채무불이행에 따라 국가회계실체가 부담하게 될 추정 순현금유출액의 **현재가치로 평가**한다."

위 두 부채는 **충당금 설정**과 **현재가치**라는 특징을 지닌다.

(1) 융자보조원가충당금 : 충당금 설정

융자사업은 쉽게 말해서 돈을 빌려주는 사업을 뜻한다. 융자보조원가충당금은 돈을 빌려주고 못 받게되어 설정한 대손충당금 정도로 생각하자. 채권이 있을 때 원금과 회수가능액의 차이를 충당금으로 평가하므로 당연히 맞는 문장이다.

(2) 융자보조원가충당금, 보증충당부채 : 현재가치 개념

융자보조원가충당금, 보증충당부채 모두 정의에 현재가치가 등장한다. 보증사업은 국가가 다른 채무자의 부채에 대해 보증을 해주는 사업을 의미한다. 주채무자가 돈을 못 갚을 경우 (채무불이행) 국가가 대신 갚아야 하므로 추정 순현금유출액의 현재가치로 부채를 평가한다. 융자든, 보증이든 현금흐름이 현재 발생하는 것이 아니라 미래에 발생하므로 당연히 현재가치 해야 한다고 생각하자.

예제

08 「국가회계기준에 관한 규칙」에서 규정하고 있는 자산의 평가와 관련된 설명으로 옳지 않은 것은?

2014. 국가직 7급

① 융자보조원가충당금은 융자사업에서 발생한 융자금 원금과 추정 회수가능액의 현재가치와의 차액으로 평가하며, 보증충당부채는 보증채무불이행에 따른 추정 순현금유출액의 현재가치로 평가한다.

② 재정상태표일 현재 장기 및 단기 투자증권의 신뢰성 있는 공정가치를 측정할 수 있어 당해 자산을 공정가치로 평가할 경우 장기투자증권평가손익은 순자산변동으로 회계처리하고, 단기투자증권평가손익은 재정운영표의 수익 또는 비용으로 보고한다.

③ 기부채납을 통해 무상취득한 일반유형자산의 경우에는 취득당시의 공정가액을 취득원가로 계상하는데, 일반유형자산에 대한 사용수익권은 해당 자산의 차감항목에 표시한다.

④ 효율적인 사회기반시설 관리시스템으로 사회기반시설의 용역잠재력이 취득 당시와 같은 수준으로 유지된다는 것이 객관적으로 증명되는 경우에 사회기반시설 중 관리·유지 노력에 따라 취득 당시의 용역잠재력을 그대로 유지할 수 있는 시설에 대해서는 감가상각을 하지 않고, 관리·유지에 투입되는 비용으로 감가상각비용을 대체할 수 있다.

> **┃해설**
> 투자증권의 평가손익은 장, 단기 구분 없이 전부 순자산조정으로 표시한다.
>
> 답 ②

09 「국가회계기준에 관한 규칙」에 대한 설명으로 옳지 않은 것은? 2019. 국가직 7급

① 재정상태표상 순자산은 자산에서 부채를 뺀 금액을 말하며, 기본순자산, 적립금 및 잉여금, 순자산조정으로 구분한다.

② 융자보조원가충당금은 융자사업에서 발생한 융자금 원금과 추정 회수가능액의 현재가치와의 차액으로 평가한다.

③ 유가증권의 회수가능가액이 장부가액 미만으로 하락하고 그 하락이 장기간 계속되어 회복될 가능성이 없을 경우에는 장부가액과의 차액을 감액손실로 인식하고 재정운영순원가에 반영한다.

④ 일반유형자산에 대해서는 재평가를 할 수 있으나 사회기반시설에 대해서는 재평가를 할 수 없다.

▌해 설

국가회계에서는 일반유형자산과 사회기반시설 모두 재평가를 할 수 있다. 지자체회계에는 재평가 규정이 없다.

🗂 ④

6. 충당부채, 우발부채 및 우발자산 (기업≒국가≠지자체)

기업회계에서 충당부채, 우발부채 및 우발자산에 대해 배운 적이 있다. 정부회계에도 해당하는 내용이 있다. 각 계정별 차이점, 각 회계기준별 차이점을 정확히 기억하는 것은 어렵다. 출제가능성이 낮으므로 자세히 보기보다는 한 번만 읽어보고 넘어가자. (1)~(3)까지의 충당부채, 우발부채 및 우발자산은 국가회계의 규정이며, (4)우발상황은 지자체회계의 규정이다.

(1) 충당부채 : 재정상태표에 계상

충당부채는 지출시기 또는 지출금액이 불확실한 부채를 말한다. (=기업회계)
충당부채는 현재의무의 이행에 소요되는 지출에 대한 최선의 추정치를 재정상태표 가액으로 한다. 이 경우 추정치 산정 시에는 관련된 사건과 상황에 대한 위험과 불확실성을 고려하여야 한다.

(2) 우발부채 : 주석 공시

우발부채는 다음의 의무를 말하며, **자원의 유출 가능성이 희박하지 않는 한 주석에 공시**한다.
① 과거의 사건으로 발생하였으나, 국가회계실체가 전적으로 통제할 수 없는 불확실한 미래 사건으로만 존재를 확인할 수 있는 잠재적 의무
② 과거의 사건으로 발생하였으나, 자원의 유출 가능성이 매우 높지 않거나, 신뢰성 있는 측정이 불가능한 현재의 의무

(3) 우발자산 : 주석 공시

우발자산은 과거의 사건으로 발생하였으나 국가회계실체가 전적으로 통제할 수 없는 하나 이상의 불확실한 미래 사건으로만 존재를 확인할 수 있는 잠재적 자산을 말하며, **자원의 유입 가능성이 매우 높은 경우 주석에 공시**한다.

핵심 콕! 불확실한 자산, 부채-기업회계와 정부회계의 비교

유출입가능성	기업회계		정부회계	
	부채	자산	부채	자산
매우 높다			충당부채(B/S)	우발자산(주석)
높다	충당부채(B/S)	우발자산(주석)	우발부채(주석)	X
높지 않다	우발부채(주석)	X	우발부채(주석)	X
아주 낮다	X		X	

기업회계와 정부회계 모두 보수주의에 따라 **자산의 인식 요건이 부채에 비해 더 까다로운 것**은 일치한다. 하지만 정부회계와 기업회계 간에 인식 요건에 다소 차이가 있다.

기업회계는 유출입가능성이 '**높은 경우**' 부채는 충당부채로 재무상태표에 계상하지만, 자산은 우발자산으로 주석 공시한다.

정부회계는 유출입가능성이 '**매우 높은 경우**' 부채는 충당부채로 재정상태표에 계상하지만, 자산은 우발자산으로 주석 공시한다.

(4) 우발상황-지자체

우발상황은 미래에 어떤 사건이 발생하거나 발생하지 아니함으로 인하여 궁극적으로 확정될 손실 또는 이익으로서 발생여부가 불확실한 현재의 상태 또는 상황을 말한다. **지자체의 경우** 재정상태표에 충당부채를 계상하지 않으며 우발상황을 다음과 같이 표시한다.

① 우발손실의 발생이 확실하고 그 손실금액을 합리적으로 추정할 수 있는 경우 : 우발손실을 **재무제표에 반영**하고 그 내용을 주석으로 표시

② 우발손실의 발생이 확실하지 않거나, 우발손실의 발생은 확실하지만 그 손실금액을 합리적으로 추정할 수 없는 경우 : 우발상황의 내용, 우발손실에 따른 재무적 영향을 **주석으로 표시**

③ 우발이익의 발생이 확실하고 그 이익금액을 합리적으로 추정할 수 있는 경우 : 우발상황의 내용을 **주석으로 표시**

 우발상황 주석 공시 상황 요약

〈우발손실〉	신뢰성 있는 추정 O	신뢰성 있는 추정 X
발생 확실 O	재무제표에 반영	주석 공시
발생 확실 X		주석 공시
〈우발이익〉	신뢰성 있는 추정 O	신뢰성 있는 추정 X
발생 확실 O	주석 공시	X
발생 확실 X		X

3 기타 자산 및 부채의 평가

외화환산, 리스, 파생상품의 평가에 대해 다룰 것이다. 이 세 가지 주제는 기업회계와 동일한 규정을 적용하고 있으나, 기업회계에서 배우지 않았기 때문에 생소할 것이다. 기업회계도 아닌 정부회계를 대비하기 위해서 이 세 가지 주제에 대해 배우는 것은 비효율적이다. 김수석이 최대한 간단하게 서술해 놓았으니 이해가 가지 않는다면 **해당 주제를 버리는 것도 좋은 대안**이 될 수 있을 것이다. 다른 선지들을 통해서 답을 골라낼 수도 있기 때문이다. 가끔 출제되기는 하였으나, 출제 가능성이 높진 않다. 다음의 세 가지 회계처리 중에서는 외화환산이 그나마 가장 많이 출제되었다.

1. 외화자산 및 외화부채의 평가

		환율	환율변동손익
화폐성(=지자체)		재정상태표일 환율	재정운영순원가 (PL)
비화폐성	FV 평가 X (=지자체)	취득일 환율	N/A (평가 X)
	FV 평가 O	FV 평가일 환율	순자산조정 (OCI) or 재정운영순원가 (PL)

(1) 화폐성 항목

화폐성 항목이란, 미래의 현금흐름이 확정된 항목을 의미한다. 화폐성 외화자산과 화폐성 외화부채는 **재정상태표일** 현재의 적절한 환율로 평가하며, 환율변동효과는 **재정운영순원가**에 반영한다.

(2) 비화폐성 항목

비화폐성 항목이란, 미래의 현금흐름이 확정되지 않은 항목을 의미한다. 비화폐성 항목의 경우 외화 금액을 고려하지 말고 원화 금액만 갖고 원래 회계처리 하듯이 하면 된다.

① 역사적원가로 측정하는 경우 (FV 평가 X) : 자산, 부채를 **인식한 당시의 환율**로 평가

역사적원가로 측정하는 것은 취득원가로 계상하고 공정가치 평가를 하지 않는다는 뜻이다. 외화 자산, 부채인 경우에도 취득일의 환율로 계상한 뒤 후속 환율 변동을 반영하지 않는다. 따라서 환율변동손익이 발생하지 않는다.

가령, 원가모형을 적용하는 토지의 경우 금액 변동 없이 계속해서 취득원가로 계상된다. 외화로 구입한 토지라고 하더라도 최초 취득일의 환율로 계상한 뒤, 환율 변동효과를 인식하지 않는다.

② 공정가액으로 측정하는 경우 : **공정가액이 측정된 날의 환율**로 평가

"비화폐성 항목에서 발생한 손익을 조정항목에 반영하는 경우에는 그 손익에 포함된 환율변동효과도 해당 조정항목에 반영하고, 재정운영순원가에 반영하는 경우에는 그 손익에 포함된 환율변동효과도 해당 재정운영순원가에 반영한다."

공정가액으로 측정하는 경우 취득원가와 공정가액의 차액이 발생한다. 이때 환율변동효과와 공정가치 변동효과를 구분하지 말고 **평가손익별 구분 방법에 따라 전부 다 조정항목(OCI) 혹은 재정운영순원가(PL)에 반영**한다.

가령, 재평가모형을 적용하는 토지의 경우 기말에 공정가치로 평가하면서 평가손익을 OCI 혹은 PL로 인식한다. 외화로 구입한 토지라고 하더라도 이때 환율 변동효과와 공정가치 변화분을 구분하지 않고 '오르면 OCI, 내려가면 PL, 상대방 것이 있다면 제거 후 초과분만 인식'하면 된다. 외화 평가는 계산문제로 출제되지 않기 때문에 이해가 되지 않더라도 기준서 문장만 기억하면 된다.

③ 지자체와 비교 : 자산, 부채를 **인식한 당시의 환율**로 평가, FV 평가 X (=역사적원가 측정)

지자체의 경우 국가와 달리 비화폐성 항목을 공정가액으로 측정하는 경우를 나누지 않는다. 국가회계에서 비화폐성 항목을 역사적원가로 측정하는 경우와 똑같다.

예제

01 「국가회계기준에 관한 규칙」상 '부채의 분류 및 평가'에 대한 설명으로 옳지 않은 것은?

2019. 국가직 7급

① 재정상태표상 부채는 유동부채, 장기차입부채 및 기타유동부채로 분류한다.
② 장기연불조건의 거래, 장기금전대차거래 또는 이와 유사한 거래에서 발생하는 채권·채무로서 명목가액과 현재가치의 차이가 중요한 경우에는 현재가치로 평가한다.
③ 화폐성 외화부채는 재정상태표일 현재의 적절한 환율로 평가한다.
④ 재정상태표에 표시되는 부채의 가액은 「국가회계기준에 관한 규칙」에서 따로 정한 경우를 제외하고는 원칙적으로 만기상환가액으로 평가한다.

> **해설**
> 국가회계의 부채는 유동부채, 장기차입부채, **장기충당부채** 및 기타유동부채로 분류한다. ①번은 지자체회계에 해당하는 설명이다.
>
> 답 ①

02 「국가회계기준에 관한 규칙」상 '자산과 부채의 평가'에 대한 설명으로 옳지 않은 것은?

2018. 국가직 7급

① 국가회계실체 사이에 발생하는 관리전환이 무상거래일 경우에는 취득 당시의 공정가액을 취득원가로 한다.
② 무형자산은 정액법에 따라 해당 자산을 사용할 수 있는 시점부터 합리적인 기간 동안 상각한다.
③ 비화폐성 외화자산을 역사적 원가로 측정하는 경우 해당 자산을 취득한 당시의 적절한 환율로 평가한다.
④ 보증충당부채는 보증채무불이행에 따른 추정 순현금유출액의 현재가치로 평가한다.

> **해설**
> 무상관리전환의 경우 장부금액을 취득원가로 한다. 공정가액을 취득원가로 하는 것은 유상관리전환이다.
>
> 답 ①

2. 리스에 따른 자산과 부채의 평가(=지자체)

리스란 일정 기간 설비 등 특정 자산의 사용권을 리스회사로부터 이전받고, 그 대가로 사용료를 지급하는 계약을 말한다. 리스는 금융리스와 운용리스로 나뉜다.

(1) 금융리스

리스자산의 소유에 따른 위험과 효익이 **실질적**으로 리스이용자에게 이전되는 리스를 금융리스라고 부른다. 금융리스는 리스료를 이자율로 할인한 가액과 리스자산의 공정가액 중 **낮은** 금액을 각각 리스자산과 리스부채로 계상하여 감가상각한다.

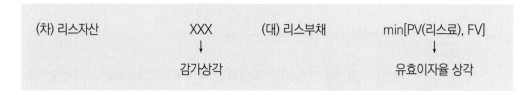

금융리스는 이자율로 할인한 현재가치와 공정가치 중 낮은 금액을 리스부채로 계상한 후, 리스자산은 같은 금액으로 계상한다. 둘 중 높은 금액이 아닌 **낮은 금액**이라는 것에 주의하자. 정부회계에서 리스에 대해 자세히 배울 수가 없다. 이해가 가지 않는다면 그냥 외우자.

(2) 운용리스

금융리스 외의 리스를 운용리스라고 부른다. 운용리스는 리스료를 해당 회계연도의 비용으로 회계처리한다.

3. 파생상품의 평가 : 지자체는 규정 없음

(1) 평가 : 공정가액

파생상품은 해당 계약에 따라 발생한 권리와 의무를 각각 자산 및 부채로 계상하여야 하며, **공정가액**으로 평가한 금액을 재정상태표 가액으로 한다.

(2) 평가손익 : 재정운영순원가(PL), 예외 : 순자산조정(OCI)

파생상품에서 발생한 평가손익은 발생한 시점에 **재정운영순원가**에 반영한다. 다만, 미래예상거래의 **현금흐름변동위험**을 회피하는 계약에서 발생하는 평가손익은 **순자산변동표의 조정항목** 중 파생상품평가손익으로 표시한다. **지자체는** 순자산조정이 없으므로 **파생상품 평가 규정이 없다.**

예제

03 「국가회계기준에 관한 규칙」에 대한 설명으로 옳은 것은? 2020. 국가직 7급

① 현재 세대와 미래 세대를 위하여 정부가 영구히 보존하여야 할 자산으로서 역사적, 자연적, 문화적, 교육적 및 예술적으로 중요한 가치를 갖는 자산은 자산으로 인식하지 아니하고 그 종류와 현황 등을 필수보충정보로 공시한다.

② 미래예상거래의 현금흐름변동위험을 회피하는 파생상품 계약에서 발생하는 평가손익은 발생한 시점의 재정운영순원가에 반영한다.

③ 압수품 및 몰수품이 비화폐성 자산인 경우 압류 또는 몰수 당시의 시장가격으로 평가하며 감정가액으로 평가할 수 없다.

④ 우발자산은 과거의 거래나 사건으로 발생하였으나 국가회계실체가 전적으로 통제할 수 없는 하나 이상의 불확실한 미래 사건의 발생 여부로만 그 존재 유무를 확인할 수 있는 잠재적 자산을 말하며, 경제적 효익의 유입 가능성이 매우 높은 경우 재정상태표에 자산으로 공시한다.

> **⚑해설**
> ② 미래예상거래의 현금흐름변동위험을 회피하는 파생상품평가손익은 **순자산조정**에 반영한다. 재무회계에서 OCI에 해당하는 '잉금재, 해위' 중 위(위험회피적립금)에 해당한다. (X)
> ③ 압수품 및 몰수품이 비화폐성 자산인 경우 압류 또는 몰수 당시의 시장가격으로 평가하며 감정가액으로 **평가할 수 있다.** (X)
> ④ 우발자산은 경제적 효익의 유입 가능성이 매우 높은 경우 **주석**에 공시한다. (X)
>
> 目 ①

04 「국가회계기준에 관한 규칙」에 대한 설명으로 옳지 않은 것은? 2021. 국가직 9급

① 국채는 국채발행수수료 및 발행과 관련하여 직접 발생한 비용을 뺀 발행가액으로 평가한다.

② 파생상품은 공정가액으로 평가하여 해당 계약에 따라 발생한 권리와 의무를 각각 자산 및 부채로 계상한다.

③ 화폐성 외화부채는 재정상태표일 현재의 적절한 환율로 평가한다.

④ 사회기반시설에 대한 사용수익권은 부채로 표시한다.

> **⚑해설**
> 사용수익권은 **자산의 차감**으로 표시한다. 나머지 선지는 모두 맞는 문장이다.
>
> 目 ④

4 회계변경과 오류수정=기업회계

회계변경과 오류수정은 기업회계와 내용이 동일하다.

회계변경		추정변경	전진법
		정책변경	소급법
오류수정			

1. 회계변경

(1) 정책변경 : 소급법

회계정책의 변경에 따른 영향은 비교표시되는 **직전 회계연도**의 순자산 기초금액 및 기타 대응금액을 새로운 회계정책이 처음부터 적용된 것처럼 **조정**한다. 다만, 회계정책의 변경에 따른 누적효과를 합리적으로 추정하기 어려운 경우에는 회계정책의 변경에 따른 영향을 **해당 회계연도**와 그 회계연도 후의 기간에 반영할 수 있다.

(2) 추정변경 : 전진법

회계추정의 변경에 따른 영향은 **해당 회계연도** 이후의 기간에 미치는 것으로 한다.

2. 오류수정 : 소급법, 중요하지 않은 경우 전진법

(1) 중대한 오류 : 오류가 발생한 회계연도 재정상태표의 순자산에 반영하고, 관련된 계정잔액을 수정한다. 이 경우 비교재무제표를 작성할 때에는 중대한 오류의 영향을 받는 회계기간의 재무제표 항목을 다시 작성한다.

(2) 중대한 오류 외의 오류 : 해당 회계연도의 재정운영표에 반영한다.

예제

01 「지방자치단체 회계기준에 관한 규칙」의 회계변경과 오류수정에 대한 설명으로 옳지 않은 것은?

① 회계정책 또는 회계추정을 변경한 경우에는 그 변경내용, 변경사유 및 변경이 해당 회계연도의 재무제표에 미치는 영향을 주석으로 표시한다.

② 회계추정의 변경에 따른 영향은 비교표시되는 직전 회계연도의 기초순자산 및 그 밖의 대응금액을 회계추정의 변경 이전 처음부터 적용된 것으로 조정한다.

③ 오류의 수정은 전년도 이전에 발생한 회계기준적용의 오류, 추정의 오류, 계정분류의 오류, 계산상의 오류, 사실의 누락 및 사실의 오용 등을 수정하는 것이다.

④ 중대한 오류를 수정한 경우에는 중대한 오류로 판단한 근거, 비교재무제표에 표시된 과거회계기간에 대한 수정금액, 비교재무제표가 다시 작성되었다는 사실을 주석으로 포함한다.

▌해 설

회계추정의 변경은 전진법을 적용한다. 회계추정의 변경에 따른 영향은 해당 회계연도 후의 기간에 미치는 것으로 한다. ②번은 회계'정책'의 변경에 해당하는 설명이다.

답 ②

김 용 재 의
코어 공무원 회계학 정부회계

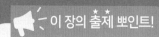

01 현금흐름표 **02** 주석 vs 필수보충정보

본 장은 많은 수의 문제가 출제되었던 내용은 아니다. 대부분의 문제는 5장까지의 내용에서 출제되었으며, 시험 직전에 시간이 부족한 경우에는 6장을 넘기는 것도 좋은 전략이 될 수 있다.

본 장에서는 현금흐름표가 가장 많이 출제되었으며 다음으로는 주석과 필수보충정보를 비교하는 문제가 많이 출제되었다. 본 장에서는 문제가 어렵게 출제되지 않으므로 세세한 내용까지 전부 다 외우려고 하기보다는 큰 흐름 위주로 볼 것을 권장한다.

기타 재무제표 및
결산절차

기타 재무제표 및 결산절차

1 기타 재무제표

1. 재무제표

다음은 각각 국가회계와 지자체회계의 재무제표이다. 지금까지 재정상태표, 재정운영표, 순자산변동표에 대해 배웠다. 본 장에서는 나머지 재무제표인 현금흐름표와 주석에 대해 다룰 것이다.

국가회계	지자체회계
재정상태표	재정상태표
재정운영표	재정운영표
순자산변동표	순자산변동표
X	**현금흐름표**
주석	주석

예제

01 「국가회계기준에 관한 규칙」과 「지방자치단체 회계기준에 관한 규칙」에 대한 설명으로 옳지 않은 것은?

2016. 지방직 9급

① 국가회계기준의 재무제표에는 현금흐름표가 포함되나, 지방자치단체회계기준의 재무제표에는 현금흐름표가 포함되지 않는다.

② 국가회계기준의 자산 분류에는 주민편의시설이 포함되지 않으나, 지방자치단체회계기준의 자산 분류에는 주민편의시설이 포함된다.

③ 국가회계기준에서는 일반유형자산에 대하여 재평가모형을 적용할 수 있으나, 지방자치단체회계기준에서는 일반유형자산에 대하여 재평가모형을 적용하지 않는다.

④ 국가회계기준과 지방자치단체회계기준 모두 자산과 부채는 유동성이 높은 항목부터 배열하는 것을 원칙으로 한다.

> **해설**
>
> 지자체에는 현표가 포함되나, 국가에는 현표가 포함되지 않는다.
>
> 답 ①

2. 현금흐름표 (지자체에만 존재)

(1) 정의

현금흐름표는 회계연도 동안의 현금자원의 변동에 관한 정보로서 자금의 원천과 사용결과를 표시하는 재무제표이다. 지자체회계의 재무제표에는 현금흐름표가 포함되는 반면, **국가회계의 재무제표에는 현금흐름표가 포함되지 않는다.**

(2) 현금흐름의 구분 : 영업활동 X, 경상활동! 중요!

지자체의 현금흐름은 **경상활동, 투자활동 및 재무활동**으로 구성된다. 기업회계의 영업활동에 해당하는 현금흐름을 지자체에서는 경상활동으로 부른다. 기출문제에서 '현금흐름표는 영업활동, 투자활동, 재무활동으로 구분하여 표시한다.'라고 틀린 문장을 제시한 적이 있다. **지자체에서는 영업활동이 아닌 경상활동으로 분류한다.**

(3) 현금흐름의 활동별 정의 : 기업회계와 동일!

각 활동의 정의는 다음과 같으며, 기업회계의 정의와 동일하다고 생각하면 된다.

경상활동	지방자치단체의 행정서비스와 관련된 활동으로서 투자활동과 재무활동에 속하지 아니하는 거래
투자활동	자금의 융자와 회수, 장기투자증권 · 일반유형자산 · 주민편의시설 · 사회기반시설 및 무형자산의 취득과 처분 등
재무활동	자금의 차입과 상환, 지방채의 발행과 상환 등

(4) 현금흐름표의 작성기준 : 기업회계와 동일!

다음은 현금흐름표의 작성기준으로, 전부 기업회계와 동일하다. ②, ③번 규정이 출제된 적이 있으므로 잘 기억해두자.

① 현금흐름표의 형태 : 기초 현금+순현금흐름=기말 현금

현금흐름표는 회계연도 중의 순현금흐름에 회계연도 초의 현금을 더하여 회계연도 말 현재의 현금을 산출하는 형식으로 표시한다.

② 총액 및 순액 표시 : 원칙은 총액, 예외적으로 순액 표시 가능

현금의 유입과 유출은 회계연도 중의 증가나 감소를 상계하지 아니하고 각각 **총액**으로 적는다. 다만, 거래가 잦아 총금액이 크고 단기간에 만기가 도래하는 경우에는 **순증감액**으로 적을 수 있다.

③ 현금흐름이 없는 중요한 거래 : 주석 공시

현물출자로 인한 유형자산 등의 취득, 유형자산의 교환 등 현금의 유입과 유출이 없는 거래 중 중요한 거래에 대하여는 주석(註釋)으로 공시한다.

예제

02 「지방자치단체 회계기준에 관한 규칙」상 현금흐름표에 대한 설명으로 옳지 않은 것은?

2020. 지방직 9급

① 현금흐름표는 회계연도 동안의 현금자원의 변동 즉, 자금의 원천과 사용결과를 표시하는 재무제표로서 영업활동, 투자활동, 재무활동으로 구분하여 표시한다.

② 현금의 유입과 유출은 회계연도 중의 증가나 감소를 상계하지 아니하고 각각 총액으로 적는 것이 원칙이지만, 거래가 잦아 총 금액이 크고 단기간에 만기가 도래하는 경우에는 순증감액으로 적을 수 있다.

③ 현물출자로 인한 유형자산 등의 취득, 유형자산의 교환 등 현금의 유입과 유출이 없는 거래 중 중요한 거래에 대하여는 주석으로 공시한다.

④ 투자활동은 자금의 융자와 회수, 장기투자증권·일반유형자산·주민편의시설·사회기반시설 및 무형자산의 취득과 처분 등을 말한다.

> **┃해설**
>
> ① 지자체의 현금흐름표에서 영업활동은 **경상활동**으로 표시한다.
> ②, ③ 기업회계기준(IFRS)에서도 동일하게 적용하는 규정이다.
>
> 답 ①

03 「지방자치단체 회계기준에 관한 규칙」에 대한 설명 중 가장 옳지 않은 것은?   2018. 서울시 9급

① 지방자치단체의 재무제표는 일반회계·기타특별회계·기금회계 및 지방공기업특별회계의 유형별 재무제표를 통합하여 작성한다.

② 현금흐름표는 회계연도 동안의 현금자원의 변동에 관한 정보로서 자금의 원천과 사용결과를 표시하는 재무제표로서 경상활동, 투자활동 및 재무활동으로 구성된다.

③ 재정운영표의 수익과 비용은 그 발생원천에 따라 명확하게 분류하여야 하며, 해당 항목의 중요성에 따라 별도의 과목으로 표시하거나 다른 과목과 통합하여 표시할 수 있다.

④ 재정상태표의 순자산은 지방자치단체의 기능과 용도를 기준으로 고정순자산과 일반순자산의 2가지로 분류한다.

> **┃해 설**
> 지자체의 순자산은 고특일(고정, 특정, 일반)의 3가지로 분류한다.
>
>   답 ④

04 「지방자치단체 회계기준에 관한 규칙」에서 현금흐름표, 순자산변동표, 주석에 대한 내용으로 가장 옳지 않은 것은?   2018. 서울시 7급

① 현금흐름표는 회계연도 동안의 현금자원의 변동에 관한 정보로서 자금의 원천과 사용결과를 표시하는 재무제표로서 경상활동, 투자활동 및 재무활동으로 구성된다.

② 현금흐름표에서 현금의 유입과 유출은 회계연도 중의 증가나 감소를 상계하여 순증감액으로 적는다. 다만, 거래가 잦아 총 금액이 크고 단기간에 만기가 도래하는 경우에는 총액으로 적을 수 있다.

③ 현물출자로 인한 유형자산 등의 취득, 유형자산의 교환 등 현금의 유입과 유출이 없는 거래 중 중요한 거래에 대하여는 주석(註釋)으로 공시한다.

④ 순자산변동표에서 순자산의 증가사항은 회계 간의 재산 이관, 물품 소관의 전환, 양여·기부 등을 말하며, 순자산의 감소사항은 회계 간의 재산 이관, 물품 소관의 전환, 양여·기부 등을 말한다.

> **┃해 설**
> 거래가 잦아 총 금액이 크고, 단기간에 만기가 도래하는 경우에는 **순액**으로 적을 수 있다. 기업회계와 동일한 규정이다.
>
>   답 ②

3. 주석

주석은 정보이용자에게 충분한 회계정보를 제공하기 위하여 채택한 중요한 회계정책과 재무제표에 중대한 영향을 미치는 사항을 설명한 것을 말한다. 국가와 지자체의 주석 공시 사항은 각각 다음과 같다. 다음의 **주석 공시 사항을 외울 필요는 없다.** 다음에 등장하는 **필수보충정보와 비교할 수 있기만 하면 된다.**

(1) 주석 공시 사항

국가회계	지자체회계
1. 중요한 회계처리방법 2. 장기차입부채 상환계획 3. 장기충당부채 4. 외화자산 및 외화부채 5. 우발사항 및 약정사항 6. 오류수정 및 회계정책변경 7. 순자산조정명세	1. 지방자치단체 회계실체간의 주요 거래내용 2. 타인을 위하여 제공하고 있는 담보보증의 내용 3. 천재지변, 중대한 사고, 파업, 화재 등에 관한 내용과 결과 4. 채무부담행위 및 보증채무부담행위의 종류와 구체적 내용 5. 무상사용허가권이 주어진 기부채납자산의 세부내용 6. 그 밖의 사항으로서 재무제표에 중대한 영향을 미치는 사항과 재무제표의 이해를 위하여 필요한 사항

2 재무제표의 부속서류-필수보충정보, 부속명세서

재무제표의 부속서류로는 **'필수보충정보'와 '부속명세서'**라는 것이 있다. 이 둘은 **재무제표가 아니라는 것**을 기억하자.

1. 필수보충정보

필수보충정보는 재무제표에는 표시하지 아니하였으나, 재무제표의 내용을 보완하고 이해를 돕기 위하여 필수적으로 제공되어야 하는 정보를 말한다.

국가회계	지자체회계

1. **유산자산**의 종류, 수량 및 관리상태
2. 수익·비용 **성질별** 재정운영표
3. **국세징수활동표**
4. 총잉여금·재정운영결과조정표
5. 연금, 보험, 사회보험보고서
	1. **관리책임자산**
	2. 지방자치단체의 **성질별** 재정운영표
	  • 일반회계의 재정운영표
	  • 개별 회계실체의 재정운영표
	3. 예산결산요약표
	4. 예산회계와 기업회계의 차이에 대한 명세서

국가와 지자체의 필수보충정보는 각각 위 표와 같으며, 다음 요소들 위주로 출제된다. 다음 항목이 필수보충정보에 포함된다는 것을 반드시 기억하자.

(1) 유산자산, 관리책임자산

재정상태표에서 국가의 유산자산 및 지자체의 관리책임자산에 대해 배운 바 있다. 이들은 신뢰성 있는 측정이 불가능하므로 재정상태표에 **자산으로 인식하지 아니하고 필수보충정보**로 공시한다.

(2) 성질별 재정운영표

재정운영표에서 기능별 분류와 성질별 분류에 대해 배운 바 있다. **기업회계**는 기능별 분류와 성격별 분류 가운데 **선택**할 수 있으며, **기능별 분류 시에만** 성격별 정보를 **주석**에 공시한다. 하지만 정부회계는 선택권이 없으며, **반드시 기능별 분류를 적용**해야 한다. 이때, **성질별 분류는 주석이 아닌 필수보충정보에 보고**해야 한다.

(3) 국세징수활동표

국세징수활동표는 국세 및 관세를 징수하는 활동으로 발생한 국세수익 중 실제로 징수하여 국고에 귀속된 금액을 나타내는 필수보충정보이다.

① **국세수익의 표시 방법 : 2단계-국세징수활동표, 3단계-재정운영표의 비교환수익**

국세수익은 2단계에서는 국세청, 관세청, 기획재정부 등의 중앙관서의 재정운영표가 아닌 **국세징수활동표에 표시**되나, 3단계 국가 재무제표로 통합하면서 **국가 재정운영표에 비교환수익으로 표시한다.** 국가 관점에서 볼 때는 국세수익이 예산 배정 등을 통해 재원을 조달하는 것이 아니라 직접적인 수입원이기 때문에 수익으로 표시하는 것이다.

 주석 vs 필수보충정보 : 재무제표에 영향을 주는지 여부

주석과 필수보충정보를 구분해야 하지만, 세부 항목들을 전부 외우는 것은 불가능하다. **주석은** 일반적으로 **재무제표에 영향을 주는 정보**들을 보고하는 반면, **필수보충정보는 재무제표에 영향을 주지 않는 정보**들을 보고한다고 외우자.

가령, 국가회계의 **주석**을 보면, 충당부채, 외화자산부채, 순자산조정 명세 등 **각종 자산, 부채, 순자산에 대한 정보**를 담고 있다. 반면 국가회계의 **필수보충정보**를 보면 유산자산, 국세징수활동표 등 **재무제표에 표시되지 않는 정보**를 담고 있다. 주석과 필수보충정보를 구분하는 문제는 출제된 적이 있으므로 주의하자.

01 「국가회계기준에 관한 규칙」에 규정된 필수보충정보에 해당하지 않는 것은? 2017. 국가직 7급

① 총잉여금·재정운영결과조정표　　　② 국세징수활동표

③ 수익·비용 성질별 재정운영표　　　④ 순자산조정명세

> **해설**
>
> 순자산조정명세는 주석에 해당한다.
>
> 답 ④

02 「국가회계기준에 관한 규칙」에 대한 설명으로 옳지 않은 것은? 2016. 국가직 7급

① 국세징수활동표는 재무제표의 내용을 보완하고 이해를 돕기 위하여 제공되는 필수보충정보이다.

② 유산자산의 종류, 수량 및 관리상태는 주석으로 표시한다.

③ 금융리스는 리스료를 내재이자율로 할인한 가액과 리스자산의 공정가액 중 낮은 금액을 리스자산과 리스부채로 각각 계상하여 감가상각한다.

④ 장기연불조건의 거래에서 발생하는 채권·채무로서 명목가액과 현재가치의 차이가 중요한 경우에는 현재가치로 평가한다.

> **해설**
>
> 유산자산은 주석이 아니라 필수보충정보에 표시한다.
>
> 답 ②

2. 부속명세서 : 내용 없음!

부속명세서는 재무제표에 표시된 회계과목에 대한 세부 명세를 명시할 필요가 있을 때에 추가적인 정보를 제공하기 위한 것을 말한다. 부속명세서의 종류, 작성기준 및 서식은 기획재정부장관이 정하는 바에 따른다.

부속명세서의 작성은 전부 기재부 장관에게 위임하여 회계규칙에 내용이 없다. 문제에서 어떤 설명이 나온다면 **전부 주석이나 필수보충정보에 해당하는 설명**일 것이다. '~은 부속명세서에 속한다.'와 같은 설명이 나온다면 틀린 문장일 가능성이 높다. 부속명세서를 주석 및 필수보충정보와 헷갈리지 말자.

3 결산과정

결산과정은 공무원 회계학에서 거의 출제되지 않은 주제이다. 공무원 시험에서는 결산서의 구성요소가 출제된 적이 있으며, CPA 시험에서는 결산보고서 작성 및 제출 일정이 자주 출제되었다. 7급 수험생 및 보수적으로 공부하고 싶은 9급 수험생은 결산보고서 작성 및 제출 일정까지 공부하고, 이외의 수험생은 **해당 내용을 공부하지 않아도 된다고 생각한다.**

1. 결산보고서 및 결산서의 구성

국가는 결산보고서라는 명칭을, 지자체는 결산서라는 명칭을 사용하지만, 그 구성은 같다. 구성이 출제된 적이 있으므로 외우자.

결산보고서(국가회계)=결산서(지자체)
1. 결산개요
2. 세입·세출 결산
3. 재무제표 (주석 포함)
4. 성과보고서

예제

01 「지방자치단체 회계기준에 관한 규칙」에 의한 결산서에 포함되지 않는 것은?　2014. 지방직 9급

① 성과보고서　　　　　　　② 재무제표
③ 필수보충정보　　　　　　④ 결산개요

> **해설**
> 필수보충정보는 재무제표의 부속서류이지, 결산서의 구성요소는 아니다. 필수보충정보를 세입·세출 결산으로 바꾸어야 한다.
>
> 답 ③

2. 결산보고서(국가) 작성 및 제출 일정

Deadline	From	To
2월 말	각 중앙관서의 장	기획재정부장관
4.10	기획재정부장관 (+대통령 승인)	감사원
5.20	감사원	기획재정부장관
5.31	정부	국회

(1) **각 중앙관서의 장**은 회계연도마다 작성한 중앙관서 결산보고서를 다음 연도 **2월 말일**까지 **기획재정부장관**에게 제출하여야 한다.

(2) **기획재정부장관**은 회계연도마다 작성하여 **대통령의 승인**을 받은 국가결산보고서를 다음 연도 **4월 10일**까지 **감사원**에 제출하여야 한다.

(3) **감사원**은 제출된 국가결산보고서를 검사하고 그 보고서를 다음 연도 **5월 20일**까지 **기획재정부장관**에게 송부하여야 한다.

(4) **정부**는 감사원의 검사를 거친 국가결산보고서를 다음 연도 **5월 31일**까지 **국회**에 제출하여야 한다.

 결산보고서 제출 일정 암기법

2월말~4.10~5.20 전부 40일씩 차이 난다. 2월말과 마지막 5월말을 기억하고, 각각 40일씩 차이가 난다는 것을 기억하면 제출 일정을 쉽게 기억할 수 있다.

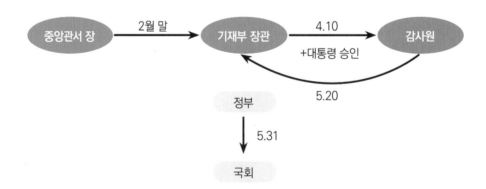

3. 결산서(지자체) 작성 및 제출 일정

Deadline	From	To
5.31	지방자치단체의 장 (+검사의견서, 성인지 결산서)	지방의회
+5일	지방자치단체의 장	행정안전부장관

(1) 지방자치단체의 장은 결산서를 작성하고, 지방의회가 선임한 검사위원의 검사의견서를 첨부하여 다음 회계연도 5월 31일까지 지방의회에 제출하여야 한다.

① 성인지 결산서 : 정부회계 문제에서 등장하면 무조건 맞는 문장!

지방자치단체의 장은 여성과 남성이 동등하게 예산의 수혜를 받고 예산이 성차별을 개선하는 방향으로 집행되었는지를 평가하는 보고서(성인지 결산서)를 작성하여야 하며, 결산서에는 성인지 결산서가 첨부되어야 한다.

성인지 결산서는 양성평등을 위한 보고서로, 국가의 결산보고서의 부속서류에도 해당한다. **'정부회계 문제에서 성인지 결산서가 등장하면 무조건 맞는 문장'**이라는 것만 기억하고 넘어가면 된다. 출제자가 추가할 선지가 없을 때 끼워 넣는 문장이다.

(2) 지방자치단체의 장은 지방의회에 결산 승인을 요청한 날로부터 5일 이내에 결산서를 행정안전부장관에게 제출하여야 한다.

예제

02 다음 중 「국가재정법」과 「국가회계법」에서 정하는 결산에 대한 설명으로 **옳지 않은** 것은?

2016. CPA 수정

① 중앙관서의 장은 회계연도마다 「국가회계법」에 따라 그 소관에 속하는 일반회계·특별회계 및 기금을 통합한 결산보고서(중앙관서결산보고서)를 작성하여야 한다.

② 기획재정부장관은 회계연도마다 중앙관서결산보고서를 통합하여 국가의 결산보고서(국가결산보고서)를 작성한 후 감사원의 심의를 거쳐 대통령의 승인을 받아야 한다.

③ 정부는 여성과 남성이 동등하게 예산의 수혜를 받고 예산이 성차별을 개선하는 방향으로 집행되었는지를 평가하는 보고서(성인지 결산서)를 작성하여야 한다.

④ 각 중앙관서의 장은 「국가회계법」에서 정하는 바에 따라 회계연도마다 작성한 결산보고서(중앙관서결산보고서)를 다음 연도 2월 말일까지 기획재정부장관에게 제출하여야 한다.

> **해설**
>
> ② 대통령의 승인을 먼저 받은 후, 감사원에 제출하는 것이지, 감사원의 심의를 거쳐 대통령의 승인을 받는 것이 아니다. 선후 관계가 뒤바뀌었다.
>
> ③ 성인지 결산서가 나오면 무조건 맞는 문장이라고 생각하고 넘어가자.
>
> 답 ②

4. 공인회계사의 의견 표명 : 국가는 감사, 지자체는 검토 중요!

정부회계에서 공인회계사의 역할을 요하는 다음의 두 규정이 있다. 공인회계사의 업무에는 '감사'와 '검토'라는 것이 있다. 회계사 시험이 아니기 때문에 감사와 검토에 대해 알 필요는 없다. '**감사가 검토보다 더 자세히 보는 것**' 정도로만 이해하자.

해당 내용을 정확히 기억하는 것은 어렵다. **국가는 감사를 필요로 하고, 지자체는 검토를 필요로 한다는 것만 기억하고 넘어가자.** 국가는 보다 높은 수준의 확신이 필요하므로 감사를, 지자체는 상대적으로 낮은 수준의 확신으로도 충분하므로 검토를 필요로 한다고 생각하면 쉽게 기억할 수 있다.

(1) 감사-국가

중앙관서의 장이 관리하지 않는 기금은 회계연도마다 기금결산보고서를 작성하여 소관 중앙관서의 장에게 제출하여야 한다. 이 경우 대통령령으로 정하는 기준(5,000억 이상)에 해당하는 기금은 기금결산보고서에 회계법인의 **감사보고서**를 첨부하여야 한다.

(2) 검토-지자체

지방자치단체의 장은 검사위원에게 결산검사에 필요한 서류를 제출한 때에는 재무제표에 공인회계사의 **검토의견**을 첨부하여야 한다.

예제

03 다음 중 「국가재정법」과 「지방재정법」 및 「지방재정법 시행령」에서 정하는 결산에 관한 설명으로 **옳지 않은** 것은?　　　　　　　　　　　2013. CPA 수정

① 각 중앙관서의 장은 「국가회계법」에서 정하는 바에 따라 회계연도마다 작성한 결산보고서(중앙관서결산보고서)를 다음 연도 2월 말일까지 기획재정부장관에게 제출하여야 한다.

② 기획재정부장관은 「국가회계법」에서 정하는 바에 따라 회계연도마다 작성하여 대통령의 승인을 받은 국가결산보고서를 다음 연도 4월 10일까지 감사원에 제출하여야 한다.

③ 감사원은 「국가재정법」에 따라 제출된 국가결산보고서를 검사하고 그 보고서를 다음 연도 5월 20일까지 기획재정부장관에게 송부하여야 하고, 정부는 「국가재정법」에 따라 감사원의 검사를 거친 국가결산보고서를 다음 연도 5월 31일까지 국회에 제출하여야 한다.

④ 지방자치단체의 장은 회계연도마다 「지방재정법」에 의하여 작성한 세입·세출결산서에 「지방자치법」의 규정에 의한 검사위원의 검사의견서를 첨부하여 다음 회계연도 5월 31일까지 이를 지방의회에 제출하여야 한다.

⑤ 지방자치단체의 장은 「지방자치법」에 따른 검사위원에게 결산검사에 필요한 서류를 제출할 때에는 재무보고서에 「공인회계사법」에 따른 공인회계사의 감사의견을 첨부하여야 한다.

> **해설**
>
> 검사위원에게 결산검사에 필요한 서류를 제출할 때에는 감사의견이 아닌 **검토의견**을 첨부하여야 한다. 지자체이므로 검토라고 외우자.
>
> 답 ⑤

04 지방자치단체회계에 대한 설명으로 옳지 않은 것은? 2021. 지방직 9급

① 지방자치단체의 회계는 신뢰할 수 있도록 객관적인 자료와 증명서류에 의하여 공정하게 처리되어야 한다.

② 지방재정활동에 따라 발생하는 경제적 거래 등을 발생사실에 따라 복식부기 방식으로 회계처리 하는데 필요한 기준은 행정안전부령으로 정한다.

③ 지방자치단체의 회계는 재정활동의 내용과 그 성과를 쉽게 파악할 수 있도록 충분한 정보를 제공하고, 간단·명료하게 처리되어야 한다.

④ 재무제표는 지방회계기준에 따라 작성하여야 하고, 「공인회계사법」에 따른 공인회계사의 감사의견을 첨부하여야 한다.

▌해 설

④ 지자체의 장은 검사위원에게 결산검사에 필요한 서류를 제출한 때에는 재무제표에 공인회계사의 '검토'의견을 첨부하여야 한다. 정확한 규정을 기억하지 못하더라도 국가는 감사, 지자체는 검토를 받아야 한다는 것을 기억하자.

② 국가는 기재부령을, 지자체는 행안부령을 따른다. (O)

답 ④

김 용 재 의
코어 공무원 회계학 정부회계

부록

국가회계기준에 관한 규칙

[시행 2019. 3. 27] [기획재정부령 제732호, 2019. 3. 27, 일부개정]

제1장 총칙

제1조(목적) 이 규칙은 「국가회계법」 제11조제1항에 따라 국가의 재정활동에서 발생하는 경제적 거래 등을 발생 사실에 따라 복식부기 방식으로 회계처리하는 데에 필요한 기준을 정함을 목적으로 한다.

제2조(정의) 이 규칙에서 사용하는 용어의 뜻은 다음과 같다.

1. "국가회계실체"란 「국가재정법」 제4조에 따른 일반회계, 특별회계 및 같은 법 제5조에 따른 기금으로서 중앙관서별로 구분된 것을 말한다.

2. "재정상태표일"이란 제7조에 따른 재정상태표의 작성 기준일을 말한다.

3. "공정가액"이란 합리적인 판단력과 거래의사가 있는 독립된 당사자 간에 거래될 수 있는 교환가격을 말한다.

4. "내부거래"란 재무제표를 작성할 때 상계(相計)되어야 하는 국가회계실체 간의 거래를 말한다.

5. "회수가능가액"이란 순실현가능가치와 사용가치 중 큰 금액을 말한다.

제3조(적용범위 등) ① 이 규칙은 「국가재정법」 제4조에 따른 일반회계, 특별회계 및 같은 법 제5조에 따른 기금의 회계처리에 대하여 적용한다.

② 이 규칙의 해석과 실무회계처리에 관한 사항은 기획재정부장관이 정하는 바에 따른다.

③ 이 규칙에서 정하는 것 외의 사항에 대해서는 일반적으로 인정되는 회계원칙과 일반적으로 공정하고 타당하다고 인정되는 회계관습에 따른다.

제4조(일반원칙) 국가의 회계처리는 복식부기 · 발생주의 방식으로 하며, 다음 각 호의 원칙에 따라 이루어져야 한다.

1. 회계처리는 신뢰할 수 있도록 객관적인 자료와 증거에 따라 공정하게 이루어져야 한다.

2. 재무제표의 양식, 과목 및 회계용어는 이해하기 쉽도록 간단명료하게 표시하여야 한다.

3. 중요한 회계방침, 회계처리기준, 과목 및 금액에 관하여는 그 내용을 재무제표에 충분히 표시하여야 한다.

4. 회계처리에 관한 기준 및 추정(推定)은 기간별 비교가 가능하도록 기간마다 계속하여 적용하고 정당한 사유 없이 변경해서는 아니 된다.

5. 회계처리와 재무제표 작성을 위한 계정과목과 금액은 그 중요성에 따라 실용적인 방법으로 결정하여야 한다.

6. 회계처리는 거래 사실과 경제적 실질을 반영할 수 있어야 한다.

제5조(재무제표와 부속서류) ① 재무제표는 「국가회계법」 제14조제3호에 따라 재정상태표, 재정운영

표, 순자산변동표로 구성하되, 재무제표에 대한 주석을 포함한다.

② 재무제표의 부속서류는 필수보충정보와 부속명세서로 한다.

③ 재무제표는 국가의 재정활동에 직접적 또는 간접적으로 이해관계를 갖는 정보이용자가 국가의 재정활동 내용을 파악하고, 합리적으로 의사결정을 할 수 있도록 유용한 정보를 제공하는 것을 목적으로 한다.

④ 재무제표는 국가가 공공회계책임을 적절히 이행하였는지를 평가하는 데 필요한 다음 각 호의 정보를 제공하여야 한다.

1. 국가의 재정상태 및 그 변동과 재정운영결과에 관한 정보

2. 국가사업의 목적을 능률적, 효과적으로 달성하였는 지에 관한 정보

3. 예산과 그 밖에 관련 법규의 준수에 관한 정보

제6조(재무제표의 작성원칙) ① 재무제표는 다음 각 호의 원칙에 따라 작성한다.

1. 재무제표는 해당 회계연도분과 직전 회계연도분을 비교하는 형식으로 작성한다.

2. 제1호에 따라 비교하는 형식으로 작성되는 두 회계연도의 재무제표는 계속성의 원칙에 따라 작성하며, 「국가회계법」에 따른 적용 범위, 회계정책 또는 이 규칙 등이 변경된 경우에는 그 내용을 주석으로 공시한다.

3. 재무제표의 과목은 해당 항목의 중요성에 따라 별도의 과목으로 표시하거나 다른 과목으로 통합하여 표시할 수 있다.

4. 재무제표를 통합하여 작성할 경우 내부거래는 상계하여 작성한다.

② 「국고금관리법 시행령」 제2장에 따른 출납정리기한 중에 발생하는 거래에 대한 회계처리는 해당 회계연도에 발생한 거래로 보아 다음 각 호와 같이 처리한다.

1. 「국고금관리법 시행령」 제5조제2항 각 호의 어느 하나에 해당하는 납입은 해당 회계연도 말일에 수입된 것으로 본다.

2. 「국고금관리법 시행령」 제6조제1항 각 호의 어느 하나에 해당하는 지출은 해당 회계연도 말일에 지출된 것으로 본다.

3. 「국고금관리법 시행령」 제7조 단서에 따라 관서운영경비출납공무원이 교부받은 관서운영경비를 해당 회계연도 말일 후에 반납하는 경우에는 해당 회계연도 말일에 반납된 것으로 본다.

제2장 재정상태표

제1절 총칙

제7조(재정상태표) ① 재정상태표는 재정상태표일 현재의 자산과 부채의 명세 및 상호관계 등 재정상태를 나타내는 재무제표로서 자산, 부채 및 순자산으로 구성된다.

② 재정상태표는 별지 제1호서식과 같다.

제8조(재정상태표 작성기준) ① 자산과 부채는 유동성이 높은 항목부터 배열한다. 이 경우 유동성이란

현금으로 전환되기 쉬운 정도를 말한다.

② 자산, 부채 및 순자산은 총액으로 표시한다. 이 경우 자산 항목과 부채 또는 순자산 항목을 상계함으로써 그 전부 또는 일부를 재정상태표에서 제외해서는 아니 된다.

제2절 자산

제9조(자산의 정의와 구분) ① 자산은 과거의 거래나 사건의 결과로 현재 국가회계실체가 소유(실질적으로 소유하는 경우를 포함한다) 또는 통제하고 있는 자원으로서, 미래에 공공서비스를 제공할 수 있거나 직접 또는 간접적으로 경제적 효익을 창출하거나 창출에 기여할 것으로 기대되는 자원을 말한다.

② 자산은 유동자산, 투자자산, 일반유형자산, 사회기반시설, 무형자산 및 기타 비유동자산으로 구분하여 재정상태표에 표시한다.

제10조(자산의 인식기준) ① 자산은 공용 또는 공공용으로 사용되는 등 공공서비스를 제공할 수 있거나 직접적 또는 간접적으로 경제적 효익을 창출하거나 창출에 기여할 가능성이 매우 높고 그 가액을 신뢰성 있게 측정할 수 있을 때에 인식한다.

② 현재 세대와 미래 세대를 위하여 정부가 영구히 보존하여야 할 자산으로서 역사적, 자연적, 문화적, 교육적 및 예술적으로 중요한 가치를 갖는 자산(이하 "유산자산"이라 한다)은 자산으로 인식하지 아니하고 그 종류와 현황 등을 필수보충정보로 공시한다.

③ 국가안보와 관련된 자산은 기획재정부장관과 협의하여 자산으로 인식하지 아니할 수 있다. 이 경우 해당 중앙관서의 장은 해당 자산의 종류, 취득시기 및 관리현황 등을 별도의 장부에 기록하여야 한다.

제11조(유동자산) ① 유동자산은 재정상태표일부터 1년 이내에 현금화되거나 사용될 것으로 예상되는 자산으로서, 현금 및 현금성자산, 단기금융상품, 단기투자증권, 미수채권, 단기대여금 및 기타 유동자산 등을 말한다.

② 제1항의 단기투자증권은 만기가 1년 이내이거나 1년 이내에 처분 예정인 채무증권, 지분증권 및 기타 단기투자증권을 말하고, 같은 항의 기타 유동자산은 미수수익, 선급금, 선급비용 및 재고자산 등을 말한다.

제12조(투자자산) ① 투자자산은 투자 또는 권리행사 등의 목적으로 보유하고 있는 자산으로서, 장기금융상품, 장기투자증권, 장기대여금 및 기타 투자자산 등을 말한다.

② 제1항의 장기투자증권은 만기가 1년 후이거나 1년 후에 처분 예정인 채무증권, 지분증권 및 기타 장기투자증권을 말한다.

제13조(일반유형자산) ① 일반유형자산은 고유한 행정활동에 1년 이상 사용할 목적으로 취득한 자산(제14조에 따른 사회기반시설은 제외한다)으로서, 토지, 건물, 구축물, 기계장치, 집기 · 비품 · 차량운반구, 전비품, 기타 일반유형자산 및 건설 중인 일반유형자산 등을 말한다.

② 제1항의 전비품은 전쟁의 억제 또는 수행에 직접적으로 사용되는 전문적인 군사장비와 탄약 등을 말한다.

부록

제14조(사회기반시설) 사회기반시설은 국가의 기반을 형성하기 위하여 대규모로 투자하여 건설하고 그 경제적 효과가 장기간에 걸쳐 나타나는 자산으로서, 도로, 철도, 항만, 댐, 공항, 하천, 상수도, 국가어항, 기타 사회기반시설 및 건설 중인 사회기반시설 등을 말한다. 〈개정 2015. 12. 31.〉

제15조(무형자산) 무형자산은 일정 기간 독점적·배타적으로 이용할 수 있는 권리인 자산으로서, 산업재산권, 광업권, 소프트웨어, 기타 무형자산 등을 말한다.

제16조(기타 비유동자산) 기타 비유동자산은 유동자산, 투자자산, 일반유형자산, 사회기반시설 및 무형자산에 해당하지 아니하는 자산을 말한다.

제3절 부채

제17조(부채의 정의와 구분) ① 부채는 과거의 거래나 사건의 결과로 국가회계실체가 부담하는 의무로서, 그 이행을 위하여 미래에 자원의 유출 또는 사용이 예상되는 현재의 의무를 말한다.

② 부채는 유동부채, 장기차입부채, 장기충당부채 및 기타 비유동부채로 구분하여 재정상태표에 표시한다.

제18조(부채의 인식기준) ① 부채는 국가회계실체가 부담하는 현재의 의무 중 향후 그 이행을 위하여 지출이 발생할 가능성이 매우 높고 그 금액을 신뢰성 있게 측정할 수 있을 때 인식한다.

② 국가안보와 관련된 부채는 기획재정부장관과 협의하여 부채로 인식하지 아니할 수 있다. 이 경우 해당 중앙관서의 장은 해당 부채의 종류, 취득시기 및 관리현황 등을 별도의 장부에 기록하여야 한다.

제19조(유동부채) ① 유동부채는 재정상태표일부터 1년 이내에 상환하여야 하는 부채로서 단기국채, 단기공채, 단기차입금, 유동성장기차입부채 및 기타 유동부채 등을 말한다.

② 제1항의 기타 유동부채는 미지급금, 미지급비용, 선수금, 선수수익 등을 말한다.

제20조(장기차입부채) 장기차입부채는 재정상태표일부터 1년 후에 만기가 되는 확정부채로서 국채, 공채, 장기차입금 및 기타 장기차입부채 등을 말한다.

제21조(장기충당부채) 장기충당부채는 지출시기 또는 지출금액이 불확실한 부채로서 퇴직급여충당부채, 연금충당부채, 보험충당부채 및 기타 장기충당부채 등을 말한다.

제22조(기타 비유동부채) 기타 비유동부채는 유동부채, 장기차입부채 및 장기충당부채에 해당하지 아니하는 부채를 말한다.

제4절 순자산

제23조(순자산의 정의와 구분) ① 순자산은 자산에서 부채를 뺀 금액을 말하며, 기본순자산, 적립금 및 잉여금, 순자산조정으로 구분한다.

② 기본순자산은 순자산에서 적립금 및 잉여금과 순자산조정을 뺀 금액으로 표시한다.

③ 적립금 및 잉여금은 임의적립금, 전기이월결손금·잉여금, 재정운영결과 등을 표시한다.

④ 순자산조정은 투자증권평가손익, 파생상품평가손익 및 기타 순자산의 증감 등을 표시한다.

제3장 재정운영표

제1절 총칙

제24조(재정운영표) ① 재정운영표는 회계연도 동안 수행한 정책 또는 사업의 원가와 재정운영에 따른 원가의 회수명세 등을 포함한 재정운영결과를 나타내는 재무제표를 말한다.

② 중앙관서 또는 기금의 재정운영표는 별지 제2호서식과 같다.

③ 국가의 재정운영표는 별지 제3호서식과 같다.

제25조(중앙관서 또는 기금의 재정운영표) ① 중앙관서 또는 기금의 재정운영표는 프로그램순원가, 재정운영순원가, 재정운영결과로 구분하여 표시한다.

② 프로그램순원가는 프로그램을 수행하기 위하여 투입한 원가 합계에서 다른 프로그램으로부터 배부받은 원가를 더하고, 다른 프로그램에 배부한 원가는 빼며, 프로그램 수행과정에서 발생한 수익 등을 빼서 표시한다.

③ 재정운영순원가는 프로그램순원가에서 제1호 및 제2호의 비용은 더하고, 제3호의 수익은 빼서 표시한다. 〈개정 2019. 3. 27.〉

　1. 관리운영비 : 기관운영비와 같이 기관의 여러 정책이나 사업, 활동을 지원하는 비용(「정부기업예산법」 제3조에 따른 특별회계나 기금의 경우에는 관리업무비를 말한다)

　2. 비배분비용 : 국가회계실체에서 발생한 비용 중 프로그램에 대응되지 않는 비용

　3. 비배분수익 : 국가회계실체에서 발생한 수익 중 프로그램에 대응되지 않는 수익

④ 재정운영결과는 재정운영순원가에서 비교환수익(제28조제2항제2호의 비교환수익을 말한다. 이하 같다) 등을 빼서 표시한다. 다만, 「국고금관리법 시행령」 제50조의2에 따라 통합관리하는 일반회계 및 특별회계의 자금에서 발생하는 비교환수익 등은 순자산변동표의 재원의 조달 및 이전란에 표시한다.

제26조(국가의 재정운영표) ① 중앙관서 또는 기금의 재정운영표를 통합하여 작성하는 국가의 재정운영표는 다음 각 호와 같이 표시한다.

　1. 재정운영표 : 내부거래를 제거하여 작성하되 재정운영순원가, 비교환수익 등 및 재정운영결과로 구분하여 표시

　2. 재정운영순원가 : 각 중앙관서별로 구분하여 표시

　3. 재정운영결과 : 재정운영순원가에서 비교환수익 등을 빼서 표시

② 제1항에서 정한 사항 외에 국가의 재정운영표 작성 방법은 중앙관서 또는 기금의 재정운영표 작성 방법을 준용한다.

제27조(재정운영표의 작성기준) 재정운영표의 모든 수익과 비용은 발생주의 원칙에 따라 거래나 사실이 발생한 기간에 표시한다.

제2절 수익과 비용

제28조(수익의 정의와 구분) ① 수익은 국가의 재정활동과 관련하여 재화 또는 용역을 제공한 대가로 발생하거나, 직접적인 반대급부 없이 법령에 따라 납부의무가 발생한 금품의 수납 또는 자발적인 기부금 수령 등에 따라 발생하는 순자산의 증가를 말한다.

② 수익은 그 원천에 따라 다음 각 호와 같이 구분한다.

1. 교환수익 : 재화나 용역을 제공한 대가로 발생하는 수익

2. 비교환수익 : 직접적인 반대급부 없이 발생하는 국세, 부담금, 기부금, 무상이전 및 제재금 등의 수익

제29조(수익의 인식기준) ① 교환수익은 수익창출 활동이 끝나고 그 금액을 합리적으로 측정할 수 있을 때에 인식한다.

② 비교환수익은 해당 수익에 대한 청구권이 발생하고 그 금액을 합리적으로 측정할 수 있을 때에 인식하며, 수익 유형에 따른 세부 인식기준은 다음 각 호와 같다. 〈개정 2014. 2. 27.〉

1. 신고·납부하는 방식의 국세 : 납세의무자가 세액을 자진신고하는 때에 수익으로 인식

2. 정부가 부과하는 방식의 국세 : 국가가 고지하는 때에 수익으로 인식

3. 원천징수하는 국세 : 원천징수의무자가 원천징수한 금액을 신고·납부하는 때에 수익으로 인식

4. 연부연납(年賦延納) 또는 분납이 가능한 국세 : 징수할 세금이 확정된 때에 그 납부할 세액 전체를 수익으로 인식

5. 부담금수익, 기부금수익, 무상이전수입, 제재금수익 등 : 청구권 등이 확정된 때에 그 확정된 금액을 수익으로 인식. 다만, 제재금수익 중 벌금, 과료, 범칙금 또는 몰수품으로서 청구권이 확정된 때나 몰수품을 몰수한 때에 그 금액을 확정하기 어려운 경우에는 벌금, 과료 또는 범칙금이 납부되거나 몰수품이 처분된 때에 수익으로 인식할 수 있다.

6. 삭제 〈2014. 2. 27.〉

제30조(비용의 정의와 인식기준) ① 비용은 국가의 재정활동과 관련하여 재화 또는 용역을 제공하여 발생하거나, 직접적인 반대급부 없이 발생하는 자원 유출이나 사용 등에 따른 순자산의 감소를 말한다.

② 비용은 다음 각 호의 기준에 따라 인식한다.

1. 재화나 용역의 제공 등 국가재정활동 수행을 위하여 자산이 감소하고 그 금액을 합리적으로 측정할 수 있을 때 또는 법령 등에 따라 지출에 대한 의무가 존재하고 그 금액을 합리적으로 측정할 수 있을 때에 비용으로 인식

2. 과거에 자산으로 인식한 자산의 미래 경제적 효익이 감소 또는 소멸되거나 자원의 지출 없이 부채가 발생 또는 증가한 것이 명백한 때에 비용으로 인식

제31조(원가계산) ① 원가는 중앙관서의 장 또는 기금관리주체가 프로그램의 목표를 달성하고 성과를 창출하기 위하여 직접적·간접적으로 투입한 경제적 자원의 가치를 말한다.

② 원가 집계 대상과 배부기준 등 원가계산에 관한 세부적인 사항은 기획재정부장관이 정하는 바에 따른다.

제4장 자산과 부채의 평가

제32조(자산의 평가기준) ① 재정상태표에 표시하는 자산의 가액은 해당 자산의 취득원가를 기초로 하여 계상(計上)한다. 다만, 무주부동산의 취득, 국가 외의 상대방과의 교환 또는 기부채납 등의 방법으로 자산을 취득한 경우에는 취득 당시의 공정가액을 취득원가로 한다.

② 국가회계실체 사이에 발생하는 관리전환은 무상거래일 경우에는 자산의 장부가액을 취득원가로 하고, 유상거래일 경우에는 자산의 공정가액을 취득원가로 한다. 〈개정 2015. 12. 31.〉

③ 재정상태표에 표시하는 자산은 이 규칙에서 따로 정한 경우를 제외하고는 자산의 물리적인 손상 또는 시장가치의 급격한 하락 등으로 해당 자산의 회수가능가액이 장부가액에 미달하고 그 미달액이 중요한 경우에는 장부가액에서 직접 빼서 회수가능가액으로 조정하고, 장부가액과 회수가능가액의 차액을 그 자산에 대한 감액손실의 과목으로 재정운영순원가에 반영하며 감액명세를 주석으로 표시한다. 다만, 감액한 자산의 회수가능가액이 차기 이후에 해당 자산이 감액되지 아니하였을 경우의 장부가액 이상으로 회복되는 경우에는 그 장부가액을 한도로 하여 그 자산에 대한 감액손실환입 과목으로 재정운영순원가에 반영한다.

④ 「군수품관리법」에 따라 관리되는 전비품 등의 평가기준은 국방부장관이 따로 정하는 바에 따를 수 있다.

제33조(유가증권의 평가) ① 유가증권은 매입가액에 부대비용을 더하고 종목별로 총평균법 등을 적용하여 산정한 가액을 취득원가로 한다.

② 유가증권은 자산의 분류기준에 따라 단기투자증권과 장기투자증권으로 구분한다.

③ 채무증권은 상각후취득원가로 평가하고 지분증권과 기타 장기투자증권 및 기타 단기투자증권은 취득원가로 평가한다. 다만, 투자목적의 장기투자증권 또는 단기투자증권인 경우에는 재정상태표일 현재 신뢰성 있게 공정가액을 측정할 수 있으면 그 공정가액으로 평가하며, 장부가액과 공정가액의 차이금액은 순자산변동표에 조정항목으로 표시한다.

④ 유가증권의 회수가능가액이 장부가액 미만으로 하락하고 그 하락이 장기간 계속되어 회복될 가능성이 없을 경우에는 장부가액과의 차액을 감액손실로 인식하고 재정운영순원가에 반영한다.

제34조(미수채권 등의 평가) 미수채권, 장기대여금 또는 단기대여금은 신뢰성 있고 객관적인 기준에 따라 산출한 대손추산액을 대손충당금으로 설정하여 평가한다.

제35조(재고자산의 평가) ① 재고자산은 판매 또는 용역제공을 위하여 보유하거나 생산과정에 있는 자산, 생산과정 또는 용역제공과정에 투입될 원재료나 소모품 형태로 존재하는 자산을 말한다.

② 재고자산은 제조원가 또는 매입가액에 부대비용을 더한 금액을 취득원가로 하고 품목별로 선입선출법(先入先出法)을 적용하여 평가한다. 다만, 실물흐름과 원가산정 방법 등에 비추어 다른 방법을 적용하는 것이 보다 합리적이라고 인정되는 경우에는 개별법, 이동평균법 등을 적용하고 그 내용을 주석으로 표시한다.

③ 제2항에 따라 선택된 재고자산의 평가 방법은 정당한 사유 없이 변경할 수 없으며, 평가 방법의

정당한 변경 사유가 발생한 경우에는 제51조에 따라 회계처리한다.

④ 재고자산의 시가(時價)가 취득원가보다 낮은 경우에는 시가를 재정상태표 가액으로 한다. 이 경우 원재료 외의 재고자산의 시가는 순실현가능가액을 말하며, 생산과정에 투입될 원재료의 시가는 현재 시점에서 매입하거나 재생산하는 데 드는 현행대체원가를 말한다.

제36조(압수품 및 몰수품의 평가) 압수품 및 몰수품은 다음 각 호의 구분에 따라 평가한다.

1. 화폐성자산 : 압류 또는 몰수 당시의 시장가격으로 평가

2. 비화폐성자산 : 압류 또는 몰수 당시의 감정가액 또는 공정가액 등으로 평가. 이 경우 그 평가된 가액을 주석으로 표시한다.

[전문개정 2014. 2. 27.]

제37조(일반유형자산의 평가) ① 일반유형자산은 해당 자산의 건설원가 또는 매입가액에 부대비용을 더한 금액을 취득원가로 하고, 객관적이고 합리적인 방법으로 추정한 기간에 정액법(定額法) 등을 적용하여 감가상각한다.

② 일반유형자산에 대한 사용수익권은 해당 자산의 차감항목에 표시한다.

제38조(사회기반시설의 평가) ① 사회기반시설의 평가에 관하여는 제37조를 준용한다. 이 경우 감가상각은 건물, 구축물 등 세부 구성요소별로 감가상각한다.

② 제1항에도 불구하고 사회기반시설 중 관리·유지 노력에 따라 취득 당시의 용역 잠재력을 그대로 유지할 수 있는 시설에 대해서는 감가상각하지 아니하고 관리·유지에 투입되는 비용으로 감가상각비용을 대체할 수 있다. 다만, 효율적인 사회기반시설 관리시스템으로 사회기반시설의 용역 잠재력이 취득 당시와 같은 수준으로 유지된다는 것이 객관적으로 증명되는 경우로 한정한다.

③ 사회기반시설에 대한 사용수익권은 해당 자산의 차감항목에 표시한다.

제38조의2(일반유형자산 및 사회기반시설의 재평가 기준) ① 제32조에도 불구하고 일반유형자산과 사회기반시설을 취득한 후 재평가할 때에는 공정가액으로 계상하여야 한다. 다만, 해당 자산의 공정가액에 대한 합리적인 증거가 없는 경우 등에는 재평가일 기준으로 재생산 또는 재취득하는 경우에 필요한 가격에서 경과연수에 따른 감가상각누계액 및 감액손실누계액을 뺀 가액으로 재평가하여 계상할 수 있다.

② 제1항에 따른 재평가의 최초 평가연도, 평가방법 및 요건 등 세부회계처리에 관하여는 기획재정부장관이 정한다.

[본조신설 2010. 1. 12.]

제39조(무형자산의 평가) ① 무형자산은 해당 자산의 개발원가 또는 매입가액에 부대비용을 더한 금액을 취득원가로 하여 평가한다.

② 무형자산은 정액법에 따라 해당 자산을 사용할 수 있는 시점부터 합리적인 기간 동안 상각한다. 이 경우 상각기간은 독점적·배타적인 권리를 부여하고 있는 관계 법령이나 계약에서 정한 경우를 제외하고는 20년을 초과할 수 없다.

제40조(일반유형자산 및 사회기반시설의 취득 후 지출) 일반유형자산 및 사회기반시설의 내용연수를 연

장시키거나 가치를 실질적으로 증가시키는 지출은 자산의 증가로 회계처리하고, 원상회복시키거나 능률유지를 위한 지출은 비용으로 회계처리한다.

제41조(부채의 평가기준) 재정상태표에 표시하는 부채의 가액은 이 규칙에서 따로 정한 경우를 제외하고는 원칙적으로 만기상환가액으로 평가한다.

제42조(국채의 평가) ① 국채는 국채발행수수료 및 발행과 관련하여 직접 발생한 비용을 뺀 발행가액으로 평가한다.

② 국채의 액면가액과 발행가액의 차이는 국채할인(할증)발행차금 과목으로 액면가액에 빼거나 더하는 형식으로 표시하며, 그 할인(할증)발행차금은 발행한 때부터 최종 상환할 때까지의 기간에 유효이자율로 상각 또는 환입하여 국채에 대한 이자비용에 더하거나 뺀다.

제43조(퇴직급여충당부채의 평가) ① 퇴직급여충당부채는 재정상태표일 현재 「공무원연금법」 및 「군인연금법」을 적용받지 아니하는 퇴직금 지급대상자가 일시에 퇴직할 경우 지급하여야 할 퇴직금으로 평가한다.

② 퇴직금산정명세, 퇴직금추계액, 회계연도 중 실제로 지급한 퇴직금 등은 주석으로 표시한다.

제44조(연금충당부채 및 보험충당부채의 평가) 연금충당부채 및 보험충당부채는 기획재정부장관이 따로 정하는 방법으로 평가한다.

제45조(융자보조원가충당금과 보증충당부채의 평가) ① 융자보조원가충당금은 융자사업에서 발생한 융자금 원금과 추정 회수가능액의 현재가치와의 차액으로 평가한다.

② 보증충당부채는 보증약정 등에 따른 피보증인인 주채무자의 채무불이행에 따라 국가회계실체가 부담하게 될 추정 순현금유출액의 현재가치로 평가한다. 〈개정 2015. 12. 31.〉

③ 제1항 및 제2항에서 정한 사항 외에 융자보조원가충당금 및 보증충당부채의 회계처리에 관한 세부 사항은 기획재정부장관이 정하는 바에 따른다.

제46조(채권·채무의 현재가치에 따른 평가) ① 장기연불조건의 거래, 장기금전대차거래 또는 이와 유사한 거래에서 발생하는 채권·채무로서 명목가액과 현재가치의 차이가 중요한 경우에는 현재가치로 평가한다.

② 제1항에 따른 현재가치 가액은 해당 채권·채무로 미래에 받거나 지급할 총금액을 해당 거래의 유효이자율(유효이자율을 확인하기 어려운 경우에는 유사한 조건의 국채 유통수익률을 말한다)로 할인한 가액으로 한다.

③ 제1항에 따라 발생하는 채권·채무의 명목가액과 현재가치 가액의 차액인 현재가치할인차금은 유효이자율로 매 회계연도에 환입하거나 상각하여 재정운영순원가에 반영한다.

제47조(외화자산 및 외화부채의 평가) ① 화폐성 외화자산과 화폐성 외화부채는 재정상태표일 현재의 적절한 환율로 평가한다.

② 비화폐성 외화자산과 비화폐성 외화부채는 다음 각 호의 구분에 따라 평가한다. 〈개정 2018. 3. 5.〉

1. 역사적원가로 측정하는 경우 : 해당 자산을 취득하거나 해당 부채를 부담한 당시의 적절한 환율로 평가

2. 공정가액으로 측정하는 경우 : 공정가액이 측정된 날의 적절한 환율로 평가

③ 제1항에 따라 발생하는 환율변동효과는 외화평가손실 또는 외화평가이익의 과목으로 하여 재정운영순원가에 반영한다. 〈개정 2018. 3. 5.〉

④ 비화폐성 외화자산과 비화폐성 외화부채에서 발생한 손익을 조정항목에 반영하는 경우에는 그 손익에 포함된 환율변동효과도 해당 조정항목에 반영하고, 재정운영순원가에 반영하는 경우에는 그 손익에 포함된 환율변동효과도 해당 재정운영순원가에 반영한다. 〈신설 2018. 3. 5.〉

⑤ 화폐성 외화자산과 화폐성 외화부채는 화폐가치의 변동과 상관없이 자산과 부채의 금액이 계약 등에 의하여 일정 화폐액으로 확정되었거나 결정가능한 경우의 자산과 부채를 말한다. 다만, 화폐성과 비화폐성의 성질을 모두 가지고 있는 외화자산과 외화부채는 해당 자산과 부채의 보유 목적이나 성질에 따라 구분한다. 〈개정 2018. 3. 5.〉

⑥ 중요한 외화자산과 외화부채의 내용, 평가기준 및 평가손익의 내용은 주석으로 표시한다. 〈신설 2018. 3. 5.〉

제48조(리스에 따른 자산과 부채의 평가) ① 리스는 일정 기간 설비 등 특정 자산의 사용권을 리스회사로부터 이전받고, 그 대가로 사용료를 지급하는 계약을 말하며, 다음 각 호와 같이 구분한다.

1. 금융리스 : 리스자산의 소유에 따른 위험과 효익이 실질적으로 리스이용자에게 이전되는 리스

2. 운용리스 : 제1호 외의 리스

② 금융리스는 리스료를 내재이자율로 할인한 가액과 리스자산의 공정가액 중 낮은 금액을 리스자산과 리스부채로 각각 계상하여 감가상각하고, 운용리스는 리스료를 해당 회계연도의 비용으로 회계처리한다.

제49조(파생상품의 평가) ① 파생상품은 해당 계약에 따라 발생한 권리와 의무를 각각 자산 및 부채로 계상하여야 하며, 공정가액으로 평가한 금액을 재정상태표 가액으로 한다.

② 파생상품에서 발생한 평가손익은 발생한 시점에 재정운영순원가에 반영한다. 다만, 미래예상거래의 현금흐름변동위험을 회피하는 계약에서 발생하는 평가손익은 순자산변동표의 조정항목 중 파생상품평가손익으로 표시한다.

③ 파생상품 거래는 그 거래 목적 및 거래명세 등을 주석으로 표시한다. 이 경우 위험회피 목적의 파생상품 거래인 경우에는 위험회피 대상항목, 위험회피 대상범위, 위험회피 활동을 반영하기 위한 회계처리방법, 이연(移延)된 손익금액 등을 표시한다.

제50조(충당부채, 우발부채 및 우발자산) ① 충당부채는 지출시기 또는 지출금액이 불확실한 부채를 말하며, 현재의무의 이행에 소요되는 지출에 대한 최선의 추정치를 재정상태표 가액으로 한다. 이 경우 추정치 산정 시에는 관련된 사건과 상황에 대한 위험과 불확실성을 고려하여야 한다.

② 우발부채는 다음 각 호에 해당하는 의무를 말하며, 의무를 이행하기 위하여 경제적 효익이 있는 자원이 유출될 가능성이 희박하지 않는 한 주석에 공시한다.

1. 과거의 거래나 사건으로 발생하였으나, 국가회계실체가 전적으로 통제할 수 없는 하나 이상의 불확실한 미래 사건의 발생 여부로만 그 존재 유무를 확인할 수 있는 잠재적 의무

2. 과거의 거래나 사건으로 발생하였으나, 해당의무를 이행하기 위하여 경제적 효익이 있는 자원을 유출할 가능성이 매우 높지 않거나, 그 금액을 신뢰성 있게 측정할 수 없는 경우에 해당하여 인식하지 아니하는 현재의 의무

③ 우발자산은 과거의 거래나 사건으로 발생하였으나 국가회계실체가 전적으로 통제할 수 없는 하나 이상의 불확실한 미래 사건의 발생 여부로만 그 존재 유무를 확인할 수 있는 잠재적 자산을 말하며, 경제적 효익의 유입 가능성이 매우 높은 경우 주석에 공시한다.

[전문개정 2018. 3. 5.]

제51조(회계 변경과 오류 수정) ① 회계정책 및 회계추정의 변경은 그 변경으로 재무제표를 보다 적절히 표시할 수 있는 경우 또는 법령 등에서 새로운 회계기준을 채택하거나 기존의 회계기준을 폐지함에 따라 변경이 불가피한 경우에 할 수 있으며, 그 유형에 따라 다음 각 호와 같이 처리한다. 〈개정 2015. 12. 31.〉

1. 회계정책의 변경에 따른 영향은 비교표시되는 직전 회계연도의 순자산 기초금액 및 기타 대응금액을 새로운 회계정책이 처음부터 적용된 것처럼 조정한다. 다만, 회계정책의 변경에 따른 누적효과를 합리적으로 추정하기 어려운 경우에는 회계정책의 변경에 따른 영향을 해당 회계연도와 그 회계연도 후의 기간에 반영할 수 있다.

2. 회계추정의 변경에 따른 영향은 해당 회계연도 이후의 기간에 미치는 것으로 한다.

3. 회계정책을 변경한 경우에는 그 변경내용, 변경사유 및 변경에 따라 해당 회계연도의 재무제표에 미치는 영향을 주석으로 표시한다. 다만, 회계정책의 변경에 따른 누적효과를 합리적으로 추정하기 어려운 경우에는 다음 각 목에 관한 내용을 주석으로 표시한다.

가. 누적효과를 합리적으로 추정하기 어려운 사유

나. 회계정책 변경의 적용방법

다. 회계정책 변경의 적용시기

4. 회계추정을 변경한 경우에는 그 변경내용, 변경사유 및 변경에 따라 해당 회계연도의 재무제표에 미치는 영향을 주석으로 표시한다.

② 오류수정사항이란 회계기준 또는 법령 등에서 정한 기준에 합당하지 아니한 경우로서 전 회계연도 또는 그 전 기간에 발생한 다음 각 호의 오류는 다음 각 호의 구분에 따라 처리한다.

1. 중대한 오류 : 오류가 발생한 회계연도 재정상태표의 순자산에 반영하고, 관련된 계정잔액을 수정한다. 이 경우 비교재무제표를 작성할 때에는 중대한 오류의 영향을 받는 회계기간의 재무제표 항목을 다시 작성한다.

2. 제1호 외의 오류 : 해당 회계연도의 재정운영표에 반영한다.

③ 전 회계연도 이전에 발생한 오류수정사항은 주석으로 표시하되, 제2항제1호에 따른 중대한 오류를 수정한 경우에는 다음 각 호의 사항을 주석으로 포함한다.

1. 중대한 오류로 판단한 근거

2. 비교재무제표에 표시된 과거회계기간에 대한 수정금액

3. 비교재무제표가 다시 작성되었다는 사실

제5장 순자산변동표

제52조(순자산변동표) ① 순자산변동표는 회계연도 동안 순자산의 변동명세를 표시하는 재무제표를 말한다.

② 중앙관서 또는 기금의 순자산변동표는 기초순자산, 재정운영결과, 재원의 조달 및 이전, 조정항목, 기말순자산으로 구분하여 표시한다.

③ 중앙관서 또는 기금의 순자산변동표는 별지 제4호서식과 같다.

④ 중앙관서 또는 기금의 순자산변동표를 통합하여 작성하는 국가의 순자산변동표는 기초순자산, 재정운영결과, 조정항목, 기말순자산으로 구분하여 표시한다.

⑤ 국가의 순자산변동표는 별지 제5호서식과 같다.

제53조(조정항목) 조정항목은 납입자본의 증감, 투자증권평가손익, 파생상품평가손익 및 기타 순자산의 증감 등을 포함한다.

제6장 필수보충정보, 주석 및 부속명세서 등

제54조(필수보충정보) ① 필수보충정보는 재무제표에는 표시하지 아니하였으나, 재무제표의 내용을 보완하고 이해를 돕기 위하여 필수적으로 제공되어야 하는 정보를 말한다.

② 필수보충정보는 다음 각 호의 정보를 말한다.

1. 유산자산의 종류, 수량 및 관리상태

2. 연금보고서

3. 보험보고서

4. 사회보험보고서

5. 국세징수활동표

6. 총잉여금 · 재정운영결과조정표

7. 수익 · 비용 성질별 재정운영표

8. 그 밖에 재무제표에는 반영되지 아니하였으나 중요하다고 판단되는 정보

③ 필수보충정보의 작성기준과 서식은 기획재정부장관이 정하는 바에 따른다.

제55조(주석) ① 주석은 정보이용자에게 충분한 회계정보를 제공하기 위하여 채택한 중요한 회계정책과 재무제표에 중대한 영향을 미치는 사항을 설명한 것을 말한다.

② 이 규칙에서 규정한 주석 사항 외에 필요한 경우에는 다음 각 호의 사항을 주석으로 표시한다.

1. 중요한 회계처리방법

2. 장기차입부채 상환계획

3. 장기충당부채

4. 외화자산 및 외화부채

5. 우발사항 및 약정사항(지급보증, 파생상품, 담보제공자산 명세를 포함한다)

6. 전기오류수정 및 회계처리방법의 변경

7. 순자산조정명세

8. 제1호부터 제7호까지에서 규정한 사항 외에 재무제표에 중대한 영향을 미치는 사항과 재무제표의 이해를 위하여 필요한 사항

③ 주석의 작성기준과 서식은 기획재정부장관이 정한다. 〈신설 2015. 12. 31.〉

제56조(부속명세서) 부속명세서는 재무제표에 표시된 회계과목에 대한 세부 명세를 명시할 필요가 있을 때에 추가적인 정보를 제공하기 위한 것으로서, 부속명세서의 종류, 작성기준 및 서식은 기획재정부장관이 정하는 바에 따른다.

제7장 보칙 〈신설 2010. 1. 12.〉

제57조(국유재산관리운용보고서 등의 작성) 「국유재산법」 제69조에 따른 국유재산관리운용보고서, 「물품관리법」 제21조에 따른 물품관리운용보고서 및 「국가채권관리법」 제36조에 따른 채권현재액보고서 작성을 위한 세부회계처리지침은 기획재정부장관이 정한다.

[본조신설 2010. 1. 12.]

제58조(세부회계처리기준) ① 중앙관서의 장과 기금관리주체는 기획재정부장관과 협의하여 이 규칙의 시행에 필요한 세부회계처리기준을 정할 수 있다. 이 경우 세부회계처리기준은 이 규칙의 범위에서 작성되어야 한다.

② 중앙관서의 장과 기금관리주체는 해당 국가회계실체의 특성 등을 고려하여 불가피하다고 인정되는 경우에는 기획재정부장관의 승인을 받아 이 규칙과 다른 내용의 세부회계처리기준을 정할 수 있다.

[본조신설 2010. 1. 12.]

부칙 〈제732호, 2019. 3. 27.〉

제1조(시행일) 이 규칙은 공포한 날부터 시행한다.

제2조(비배분비용과 비배분수익에 관한 적용례) 제25조제3항제2호 및 제3호의 개정규정은 2019회계연도 결산부터 적용한다.

지방자치단체 회계기준에 관한 규칙

김용재의
코어 공무원 회계학
정부회계

[시행 2021. 1. 7] [행정안전부령 제231호, 2021. 1. 7, 일부개정]

제1장 총칙

제1장 총칙

제1조(목적) 이 규칙은 지방자치단체의 회계처리 및 재무제표 보고의 통일성과 객관성을 확보함으로써 정보이용자에게 유용한 정보를 제공하고, 지방자치단체의 재정 투명성과 공공 책임성을 제고함을 목적으로 한다. 〈개정 2014. 11. 28.〉

제2조(적용대상) ① 이 규칙은 지방자치단체가 수행하는 모든 일반적인 거래의 회계처리와 재무제표 보고(이하 "재무보고"라 한다)에 대하여 적용한다. 〈개정 2014. 11. 28.〉

② 실무회계처리에 관한 구체적인 사항은 행정안전부장관이 정한다. 〈개정 2009. 12. 31., 2013. 3. 23., 2014. 11. 19., 2017. 7. 26.〉

③ 이 규칙으로 정하는 것과 제2항에 따라 행정안전부장관이 정한 것 외의 사항에 대해서는 일반적으로 인정되는 회계원칙과 일반적으로 공정하며 타당하다고 인정되는 회계관습에 따른다. 〈신설 2009. 12. 31., 2013. 3. 23., 2014. 11. 19., 2017. 7. 26.〉

제3조(정의) 이 규칙에서 사용하는 용어의 정의는 다음과 같다. 〈개정 2011. 5. 20.〉

1. "경제적 자원"이라 함은 지방자치단체의 행정활동에 직접 또는 간접적으로 투입하여 사용하거나 소비할 수 있는 경제적 가치를 지닌 모든 자원을 말한다.

2. "공정가액"이라 함은 합리적인 판단력과 거래의사가 있는 독립된 당사자간에 거래될 수 있는 교환가격을 말한다.

3. "내부거래"라 함은 재무제표를 작성하는 경우 상계되어야 하는 지방자치단체 내의 개별 회계실체간의 거래를 말한다.

4. "회계실체"란 재무제표를 작성하는 단위를 말하며, 다음 각 목과 같이 구분한다.

    가. 개별 회계실체: 「지방재정법」 제9조에 따른 일반회계 및 특별회계와 「지방자치단체 기금관리기본법」 제2조에 따른 기금으로서 재무제표를 작성하는 최소 단위를 말한다.

    나. 유형별 회계실체: 개별 회계실체를 그 성격이나 특성에 따라 유형별로 구분한 것으로서 그 유형은 제6조제1항의 구분에 따른다.

    다. 통합 회계실체: 유형별 회계실체의 재무제표를 모두 통합하여 재무제표를 작성하는 단위로서 지방자치단체를 말한다.

제4조(재무보고의 목적) ① 재무보고는 지방자치단체와 직간접적 이해관계가 있는 정보이용자가 재정활동 내용을 파악하여 합리적인 의사결정을 하는 데에 유용한 정보를 제공하는 것을 목적으로 한다.

②재무보고는 지방자치단체가 공공회계책임을 적절히 이행하였는가 여부를 평가하는 데에 필요한 다음 각호의 정보를 제공하여야 한다.

1. 재정상태 · 재정운영성과 · 현금흐름 및 순자산 변동에 관한 정보
2. 당기(當期)의 수입이 당기(當期)의 서비스를 제공하기에 충분하였는지 또는 미래의 납세자가 과거에 제공된 서비스에 대한 부담을 지게 되는지에 대한 기간간 형평성에 관한 정보
3. 예산과 그 밖의 관련 법규의 준수에 관한 정보

제5조(일반원칙) 지방자치단체의 회계처리와 재무보고는 발생주의 · 복식부기 방식에 의하며 다음 각호의 일반원칙에 따라 이루어져야 한다.

1. 회계처리와 보고는 신뢰할 수 있도록 객관적인 자료와 증거에 의하여 공정하게 처리하여야 한다.
2. 재무제표의 양식 및 과목과 회계용어는 이해하기 쉽도록 간단명료하게 표시하여야 한다.
3. 중요한 회계방침과 회계처리기준 · 과목 및 금액에 관하여는 그 내용을 재무제표상에 충분히 표시하여야 한다.
4. 회계처리에 관한 기준과 추정은 기간별 비교가 가능하도록 기간마다 계속하여 적용하고 정당한 사유 없이 이를 변경하여서는 아니된다.
5. 회계처리를 하거나 재무제표를 작성할 때 과목과 금액은 그 중요성에 따라 실용적인 방법을 통하여 결정하여야 한다.
6. 회계처리는 거래의 사실과 경제적 실질을 반영할 수 있어야 한다.

제6조(유형별 회계실체의 구분 등) ① 유형별 회계실체는 지방자치단체의 회계구분에 따라 일반회계, 기타특별회계, 기금회계 및 지방공기업특별회계로 구분한다. 〈개정 2011. 5. 20.〉

② 회계실체는 그 활동의 성격에 따라 행정형 회계실체와 사업형 회계실체로 구분할 수 있다.

1. 행정형 회계실체는 지방자치단체의 일반적이고 고유한 행정활동을 수행하는 회계실체를 말한다.
2. 사업형 회계실체는 개별적 보상관계가 적용되는 기업적인 활동을 주된 목적으로 하는 회계실체를 말한다.

③ 지방공기업특별회계는 「지방공기업법」에서 따로 정한 경우 이 기준을 적용하지 아니한다.

[제목개정 2011. 5. 20.]

제2장 재무제표 〈개정 2014. 11. 28.〉

제7조 삭제 〈2014. 11. 28.〉

제8조(재무제표) ① 재무제표는 지방자치단체의 재정상황을 표시하는 중요한 요소로서 재정상태표, 재정운영표, 현금흐름표, 순자산변동표, 주석(註釋)으로 구성된다. 〈개정 2014. 11. 28., 2017. 2. 9.〉

② 재무제표의 부속서류는 필수보충정보와 부속명세서로 한다. 〈신설 2017. 2. 9.〉

제9조(재무제표의 작성원칙) ① 지방자치단체의 재무제표는 일반회계 · 기타특별회계 · 기금회계 및 지방공기업특별회계의 유형별 재무제표를 통합하여 작성한다. 이 경우 내부거래는 상계하고 작성한

다. 〈개정 2011. 5. 20.〉

② 유형별 회계실체의 재무제표를 작성할 때에는 해당 유형에 속한 개별 회계실체의 재무제표를 합산하여 작성한다. 이 경우 유형별 회계실체 안에서의 내부거래는 상계하고 작성한다. 〈개정 2011. 5. 20.〉

③ 개별 회계실체의 재무제표를 작성할 때에는 지방자치단체 안의 다른 개별 회계실체와의 내부거래를 상계하지 아니한다. 이 경우 내부거래는 해당 지방자치단체에 속하지 아니한 다른 회계실체 등과의 거래와 동일한 방식으로 회계처리한다. 〈신설 2011. 5. 20.〉

④ 재무제표는 당해 회계연도분과 직전 회계연도분을 비교하는 형식으로 작성되어야 한다. 이 경우 비교식으로 작성되는 양 회계연도의 재무제표는 계속성의 원칙에 따라 작성되어야 하며 회계정책과 회계추정의 변경이 발생한 경우에는 그 내용을 주석(註釋)으로 공시하여야 한다. 〈개정 2007. 12. 31., 2011. 5. 20., 2021. 1. 7.〉

⑤ 「지방회계법」 제7조제1항에 따른 출납 폐쇄기한 내의 세입금 수납과 세출금 지출은 해당 회계연도의 거래로 처리한다. 〈개정 2011. 5. 20., 2017. 2. 9.〉

제3장 재정상태표 〈개정 2014. 11. 28.〉

제10조(재정상태표) ① 재정상태표는 특정 시점의 회계실체의 자산과 부채의 내역 및 상호관계 등 재정상태를 나타내는 재무제표로서 자산·부채 및 순자산으로 구성된다. 〈개정 2011. 5. 20., 2014. 11. 28.〉

② 제9조제1항에 따라 유형별 재무제표를 통합하여 작성하는 지방자치단체의 재무제표 중 재정상태표는 별지 제1호서식과 같다. 〈개정 2011. 5. 20., 2014. 11. 28.〉

[제목개정 2014. 11. 28.]

제11조(자산·부채 및 순자산의 정의) ① 자산은 과거의 거래나 사건의 결과로 현재 회계실체가 소유(실질적으로 소유하는 경우를 포함한다) 또는 통제하고 있는 자원으로서 미래에 공공서비스를 제공할 수 있거나 직접적 또는 간접적으로 경제적 효익을 창출하거나 창출에 기여할 가능성이 매우 높은 자원을 말한다. 〈개정 2021. 1. 7.〉

② 부채는 과거 사건의 결과로 회계실체가 부담하는 의무로서 그 이행을 위하여 미래에 자원의 유출이 예상되는 현재 시점의 의무를 말한다.

③ 순자산은 회계실체의 자산에서 부채를 뺀 나머지 금액을 말한다.

[제목개정 2007. 12. 31.]

제12조(자산과 부채의 인식기준) ① 자산은 미래에 공공서비스를 제공할 수 있거나 직접적 또는 간접적으로 경제적 효익을 창출하거나 창출에 기여할 가능성이 매우 높고 그 가액을 신뢰성 있게 측정할 수 있을 때에 인식한다. 〈개정 2021. 1. 7.〉

② 문화재, 예술작품, 역사적 문건 및 자연자원은 자산으로 인식하지 아니하고 필수보충정보의 관

리책임자산으로 보고한다.

③ 부채는 회계실체가 부담하는 현재의 의무를 이행하기 위하여 경제적 효익이 유출될 것이 거의 확실하고 그 금액을 신뢰성 있게 측정할 수 있을 때에 인식한다. 〈개정 2007. 12. 31.〉

제13조(재정상태표의 작성기준) ① 자산과 부채는 유동성이 높은 항목부터 배열하는 것을 원칙으로 한다.

② 자산과 부채는 총액에 따라 적는 것을 원칙으로 하고, 자산의 항목과 부채 또는 순자산의 항목을 상계함으로써 그 전부 또는 일부를 재정상태표에서 제외하여서는 아니된다. 〈개정 2014. 11. 28.〉

③ 가지급금이나 가수금 등의 미결산항목은 그 내용을 나타내는 적절한 과목으로 표시하고, 비망계정(備忘計定)은 재정상태표의 자산 또는 부채항목으로 표시하지 아니한다. 〈개정 2014. 11. 28.〉

[제목개정 2014. 11. 28.]

제14조(자산의 분류) ① 자산은 유동자산, 투자자산, 일반유형자산, 주민편의시설, 사회기반시설, 기타비유동자산으로 분류한다.

② 삭제 〈2009. 12. 31.〉

제15조(유동자산) 유동자산은 회계연도 종료 후 1년 내에 현금화가 가능하거나 실현될 것으로 예상되는 자산으로서 현금 및 현금성 자산, 단기금융상품, 미수세금, 미수세외수입금 등을 말한다. 〈개정 2009. 12. 31.〉

제16조(투자자산) 투자자산은 회계실체가 투자하거나 권리행사 등의 목적으로 보유하고 있는 비유동자산으로서 장기금융상품, 장기융자금, 장기투자증권 등을 말한다. 〈개정 2009. 12. 31.〉

제17조(일반유형자산) 일반유형자산은 공공서비스의 제공을 위하여 1년 이상 반복적 또는 계속적으로 사용되는 자산으로서 토지, 건물, 입목 등을 말한다. 〈개정 2009. 12. 31.〉

제18조(주민편의시설) 주민편의시설은 주민의 편의를 위하여 1년 이상 반복적 또는 계속적으로 사용되는 자산으로서 도서관, 주차장, 공원, 박물관 및 미술관 등을 말한다. 〈개정 2007. 12. 31., 2009. 12. 31.〉

제19조(사회기반시설) 사회기반시설은 초기에 대규모 투자가 필요하고 파급효과가 장기간에 걸쳐 나타나는 지역사회의 기반적인 자산으로서 도로, 도시철도, 상수도시설, 수질정화시설, 하천부속시설 등을 말한다. 〈개정 2007. 12. 31., 2009. 12. 31.〉

제20조(기타비유동자산) 기타비유동자산은 유동자산, 투자자산, 일반유형자산, 주민편의시설, 사회기반시설에 속하지 아니하는 자산으로서 보증금, 무형자산 등을 말한다. 〈개정 2009. 12. 31.〉

제21조(부채의 분류) 부채는 유동부채, 장기차입부채 및 기타비유동부채로 분류한다.

제22조(유동부채) 유동부채는 회계연도 종료 후 1년 이내에 상환되어야 하는 부채로서 단기차입금, 유동성 장기차입부채 등을 말한다. 〈개정 2009. 12. 31.〉

제23조(장기차입부채) 장기차입부채는 회계연도 종료 후 1년 이후에 만기가 되는 차입부채로서 장기차입금, 지방채증권 등을 말한다. 〈개정 2009. 12. 31.〉

제24조(기타비유동부채) 기타비유동부채는 유동부채와 장기차입부채에 속하지 아니하는 부채로서 퇴직급여충당부채, 장기예수보증금, 장기선수수익 등을 말한다.

제25조(순자산의 분류) ① 순자산은 지방자치단체의 기능과 용도를 기준으로 고정순자산, 특정순자산 및 일반순자산으로 분류한다.

② 고정순자산은 일반유형자산, 주민편의시설, 사회기반시설 및 무형자산의 투자액에서 그 시설의 투자재원을 마련할 목적으로 조달한 장기차입금 및 지방채증권 등을 뺀 금액으로 한다. 〈개정 2009. 12. 31.〉

③ 특정순자산은 채무상환 목적이나 적립성기금의 원금과 같이 그 사용목적이 특정되어 있는 재원과 관련된 순자산을 말한다.

④ 일반순자산은 고정순자산과 특정순자산을 제외한 나머지 금액을 말한다.

제4장 재정운영표 〈개정 2014. 11. 28.〉

제26조(재정운영표) ① 재정운영표는 회계연도 동안 회계실체가 수행한 사업의 원가와 회수된 원가 정보를 포함한 재정운영결과를 나타내는 재무제표를 말한다. 〈개정 2014. 11. 28.〉

② 재정운영표는 다음 각 호와 같이 구분하여 표시한다. 〈개정 2014. 11. 28., 2021. 1. 7.〉

1. 사업순원가: 가목에 따른 총원가에서 나목에 따른 사업수익을 빼서 표시한다.

　가. 총원가: 사업을 수행하기 위하여 투입한 원가에서 다른 사업으로부터 배부받은 원가를 더하고, 다른 사업에 배부한 원가를 뺀 것

　나. 사업수익: 사업의 수행과정에서 발생하거나 사업과 관련하여 국가·지방자치단체 등으로부터 얻은 수익

2. 재정운영순원가: 제1호에 따른 사업순원가에서 가목 및 나목의 비용은 더하고, 다목의 수익을 빼서 표시한다.

　가. 관리운영비: 조직의 일반적이고 기본적인 기능을 수행하는 데 필요한 인건비, 기본경비 및 운영경비

　나. 비배분비용: 임시적·비경상적으로 발생한 비용 및 사업과 직접적 또는 간접적 관련이 없어 제1호가목에 따른 총원가에 배분하는 것이 합리적이지 아니한 비용

　다. 비배분수익: 임시적·비경상적으로 발생한 수익 및 사업과 직접적 관련이 없어 제1호나목의 사업수익에 합산하는 것이 합리적이지 아니한 수익

3. 재정운영결과: 제2호의 재정운영순원가에서 제30조에 따른 수익을 뺀 것

③ 제9조제1항에 따라 유형별 재무제표를 통합하여 작성하는 지방자치단체의 재무제표 중 재정운영표는 별지 제2호서식에 따른다. 〈개정 2014. 11. 28.〉

④ 제3항에 따른 지방자치단체의 재정운영표에 제2항제1호가목에 따른 총원가와 같은 항 같은 호 나목에 따른 사업수익을 표시할 때 그 세부 항목은 「지방재정법 시행령」 제47조제2항에 따른 과목의 구분에 따른다. 〈개정 2014. 11. 28.〉

[전문개정 2011. 5. 20.]

제27조(수익과 비용의 정의) ① 수익은 자산의 증가 또는 부채의 감소를 초래하는 회계연도 동안의 거래로 생긴 순자산의 증가를 말한다. 다만, 「공유재산 및 물품 관리법」제12조에 따른 회계 간의 재산 이관(이하 "회계 간의 재산 이관"이라 한다), 같은 법 제63조에 따른 물품 소관의 전환(이하 "물품 소관의 전환"이라 한다), 기부채납 등으로 생긴 순자산의 증가는 수익에 포함하지 아니한다. 〈개정 2021. 1. 7.〉

② 비용은 자산의 감소나 부채의 증가를 초래하는 회계연도 동안의 거래로 생긴 순자산의 감소를 말한다. 다만, 회계 간의 재산 이관, 물품 소관의 전환 등으로 생긴 순자산의 감소는 비용에 포함하지 아니한다. 〈개정 2021. 1. 7.〉

제28조(수익과 비용의 인식기준) ① 수익은 다음과 같이 인식한다.

1. 교환거래로 생긴 수익은 재화나 서비스 제공의 반대급부로 생긴 사용료, 수수료 등으로서 수익창출활동이 끝나고 그 금액을 합리적으로 측정할 수 있을 때에 인식한다.

2. 비교환거래로 생긴 수익은 직접적인 반대급부 없이 생기는 지방세, 보조금, 기부금 등으로서 해당 수익에 대한 청구권이 발생하고 그 금액을 합리적으로 측정할 수 있을 때에 인식한다.

② 비용은 다음과 같이 인식한다. 〈개정 2021. 1. 7.〉

1. 교환거래에 따르는 비용은 반대급부로 발생하는 급여, 지급수수료, 임차료, 수선유지비 등으로서 대가를 지급하는 조건으로 민간부문이나 다른 공공부문으로부터 재화와 서비스의 제공이 끝나고 그 금액을 합리적으로 측정할 수 있을 때에 인식한다.

2. 비교환거래에 의한 비용은 직접적인 반대급부 없이 발생하는 보조금, 기부금 등으로서 가치의 이전에 대한 의무가 존재하고 그 금액을 합리적으로 측정할 수 있을 때에 인식한다.

제29조(재정운영표의 작성기준) ① 재정운영표의 모든 수익과 비용은 발생주의 원칙에 따라 거래나 사실이 발생한 기간에 표시한다. 〈개정 2011. 5. 20., 2014. 11. 28.〉

② 수익과 비용은 그 발생원천에 따라 명확하게 분류하여야 하며, 해당 항목의 중요성에 따라 별도의 과목으로 표시하거나 다른 과목과 통합하여 표시할 수 있다. 이 경우 해당 항목의 중요성은 금액과 질적 요소를 고려하여 판단하여야 한다.

③ 삭제 〈2011. 5. 20.〉

[제목개정 2014. 11. 28.]

제29조의2(원가계산) ① 원가는 회계실체가 사업의 목표를 달성하고 성과를 창출하기 위하여 직접적·간접적으로 투입한 경제적 자원의 가치를 말한다.

② 원가의 계산에 관한 세부적인 사항은 행정안전부장관이 정하는 바에 따른다. 〈개정 2013. 3. 23., 2014. 11. 19., 2017. 7. 26.〉

[본조신설 2011. 5. 20.]

제30조(수익의 구분) 수익은 재원조달의 원천에 따라 다음 각 호와 같이 구분한다. 〈개정 2021. 1. 7.〉

1. 자체조달수익: 지방자치단체가 독자적인 과세 권한과 자체적인 징수활동을 통하여 조달한 수익

2. 정부간이전수익: 회계실체가 국가 또는 다른 지방자치단체로부터 이전받은 수익

3. 기타수익: 제1호 및 제2호에 따른 수익 외의 수익

[전문개정 2011. 5. 20.]

[제목개정 2021. 1. 7.]

제31조 삭제 〈2011. 5. 20.〉

제32조 삭제 〈2011. 5. 20.〉

제33조 삭제 〈2011. 5. 20.〉

제34조 삭제 〈2011. 5. 20.〉

제5장 현금흐름표 〈개정 2014. 11. 28.〉

제35조(현금흐름표) ① 현금흐름표는 회계연도 동안의 현금자원의 변동에 관한 정보로서 자금의 원천과 사용결과를 표시하는 재무제표로서 경상활동, 투자활동 및 재무활동으로 구성된다. 〈개정 2014. 11. 28.〉

② 현금흐름표는 별지 제3호서식과 같다. 〈개정 2014. 11. 28.〉

[제목개정 2014. 11. 28.]

제36조(현금흐름의 구분) ① 경상활동은 지방자치단체의 행정서비스와 관련된 활동으로서 투자활동과 재무활동에 속하지 아니하는 거래를 말한다.

② 투자활동은 자금의 융자와 회수, 장기투자증권 · 일반유형자산 · 주민편의시설 · 사회기반시설 및 무형자산의 취득과 처분 등을 말한다.

③ 재무활동은 자금의 차입과 상환, 지방채의 발행과 상환 등을 말한다.

제37조(현금흐름표의 작성기준) ① 현금흐름표는 회계연도 중의 순현금흐름에 회계연도 초의 현금을 더하여 회계연도 말 현재의 현금을 산출하는 형식으로 표시한다. 〈개정 2014. 11. 28.〉

② 현금의 유입과 유출은 회계연도 중의 증가나 감소를 상계하지 아니하고 각각 총액으로 적는다. 다만, 거래가 잦아 총 금액이 크고 단기간에 만기가 도래하는 경우에는 순증감액으로 적을 수 있다.

③ 현물출자로 인한 유형자산 등의 취득, 유형자산의 교환 등 현금의 유입과 유출이 없는 거래 중 중요한 거래에 대하여는 주석(註釋)으로 공시한다.

[제목개정 2014. 11. 28.]

제6장 순자산변동표 〈개정 2014. 11. 28.〉

제38조(순자산변동표) ① 순자산변동표는 회계연도 동안의 순자산의 증감 내역을 표시하는 재무제표로서 재정운영결과와 순자산의 변동을 기재한다. 〈개정 2011. 5. 20., 2014. 11. 28.〉

② 제9조제1항에 따라 유형별 재무제표를 통합하여 작성하는 지방자치단체의 재무제표 중 순자산변동표는 별지 제4호서식과 같다. 〈개정 2011. 5. 20., 2021. 1. 7.〉

[제목개정 2014. 11. 28.]

제39조(순자산의 증가와 감소) ① 순자산의 증가사항은 회계 간의 재산 이관, 물품 소관의 전환, 양여 · 기부 등으로 생긴 자산증가를 말한다. 〈개정 2009. 12. 31., 2021. 1. 7.〉

② 순자산의 감소사항은 회계 간의 재산 이관, 물품 소관의 전환, 양여 · 기부 등으로 생긴 자산감소를 말한다. 〈개정 2009. 12. 31., 2021. 1. 7.〉

제7장 주석 〈개정 2017. 2. 9.〉

제40조 삭제 〈2014. 11. 28.〉

제41조(주석) ① 주석(註釋)은 정보이용자에게 충분한 회계정보를 제공하기 위하여 채택한 중요한 회계정책, 회계과목의 세부내역 및 재무제표에 중대한 영향을 미치는 사항을 설명한 것을 말한다.

② 이 규칙에서 규정한 주석(註釋)사항 외에 필요한 경우에는 다음 각 호의 사항을 주석(註釋)으로 공시한다.

1. 지방자치단체 회계실체간의 주요 거래내용

2. 삭제 〈2009. 12. 31.〉

3. 타인을 위하여 제공하고 있는 담보보증의 내용

4. 천재지변, 중대한 사고, 파업, 화재 등에 관한 내용과 결과

5. 채무부담행위 및 보증채무부담행위의 종류와 구체적 내용

6. 무상사용허가권이 주어진 기부채납자산의 세부내용

7. 그 밖의 사항으로서 재무제표에 중대한 영향을 미치는 사항과 재무제표의 이해를 위하여 필요한 사항

③ 제1항 및 제2항에서 규정한 사항 외에 주석의 내용과 서식은 행정안전부장관이 정한다. 〈신설 2017. 2. 9., 2017. 7. 26.〉

제42조(필수보충정보) ① 필수보충정보는 재무제표의 내용을 보완하고 이해를 돕기 위하여 필수적으로 제공되어야 하는 정보를 말한다.

② 필수보충정보는 다음 각 호의 정보를 말한다. 〈개정 2009. 12. 31., 2011. 5. 20., 2014. 11. 28., 2021. 1. 7.〉

1. 예산결산요약표

2. 별지 제5호서식의 재정운영표(성질별)

2의2. 별지 제6호서식의 재정운영표(일반회계)

2의3. 별지 제7호서식의 재정운영표

3. 관리책임자산

4. 예산회계와 재무회계의 차이에 대한 명세서

5. 그 밖에 재무제표에는 반영되지 아니하였으나 중요하다고 판단되는 정보

③ 제2항의 예산결산요약표 및 예산회계와 재무회계의 차이에 대한 명세서는 예산결산이 완료된 후에 첨부할 수 있다.

제43조(부속명세서) 부속명세서는 재무제표에 표시된 회계과목에 대한 세부내역을 명시할 필요가 있을 때에 제공되어야 하는 추가적인 정보를 말한다. 〈개정 2008. 12. 31., 2009. 12. 31.〉

제44조(필수보충정보 및 부속명세서의 작성지침) 제42조 및 제43조에 따른 필수보충정보 및 부속명세서의 내용과 서식은 행정안전부장관이 정한다. 〈개정 2017. 7. 26.〉

[전문개정 2017. 2. 9.]

제8장 자산 및 부채의 평가

제45조(자산의 평가기준) ① 재정상태표에 기록하는 자산의 가액은 해당 자산의 취득원가를 기초로 하여 계상함을 원칙으로 한다. 다만, 다음 각 호의 자산의 가액은 해당 가액을 취득원가로 한다. 〈개정 2014. 11. 28., 2021. 1. 7.〉

1. 교환, 기부채납, 그 밖에 무상으로 취득한 자산의 가액: 공정가액

2. 회계 간의 재산 이관이나 물품 소관의 전환으로 취득한 자산의 가액: 직전(直前) 회계실체의 장부가액

② 재정상태표에 기재하는 자산은 자산의 진부화, 물리적인 손상 및 시장가치의 급격한 하락 등의 원인으로 인하여 해당 자산의 회수가능가액이 장부가액에 미달하고 그 미달이 중요한 경우에는 이를 장부가액에서 직접 차감하여 회수가능가액으로 조정하고 감액내역을 주석(註釋)으로 공시한다. 이 경우 회수가능가액은 해당 자산의 순 실현가능액과 사용가치 중 큰 금액으로 한다. 〈개정 2014. 11. 28.〉

제46조(미수세금 등의 평가) ① 미수세금은 합리적이고 객관적인 기준에 따라 평가하여 대손충당금을 설정하고 이를 미수세금 금액에서 차감하는 형식으로 표시하며, 대손충당금의 내역은 주석(註釋)으로 공시한다.

② 미수세외수입금, 단기대여금, 장기대여금 등에 관하여는 제1항의 규정을 준용한다.

제47조(재고자산의 평가) 재고자산은 구입가액에 부대비용을 더하고 이에 선입선출법을 적용하여 산정한 가액을 취득원가로 한다. 다만, 실물흐름과 원가산정방법 등에 비추어 다른 방법을 적용하는 것이 보다 합리적이라고 인정되는 경우에는 개별법, 이동평균법 등을 적용하고 그 내용을 주석(註釋)으로 공시한다.

제48조(장기투자증권의 평가) 장기투자증권은 매입가격에 부대비용을 더하고 이에 종목별로 총평균법을 적용하여 산정한 취득원가로 평가함을 원칙으로 한다.

제49조(일반유형자산과 주민편의시설의 평가) ① 일반유형자산과 주민편의시설은 당해 자산의 건설원가나 매입가액에 부대비용을 더한 취득원가로 평가함을 원칙으로 한다.

② 일반유형자산과 주민편의시설 중 상각대상 자산에 대한 감가상각은 정액법을 원칙으로 한다.

③ 일반유형자산과 주민편의시설에 대한 사용수익권은 해당 자산의 차감항목으로 표시한다. 〈신설 2017. 2. 9.〉

제50조(사회기반시설의 평가) ① 사회기반시설의 평가에 관하여는 제49조의 규정을 준용한다.

② 사회기반시설 중 유지보수를 통하여 현상이 유지되는 도로, 도시철도, 하천부속시설 등은 감가상각 대상에서 제외할 수 있으며, 유지보수에 투입되는 비용과 감가상각을 하지 아니한 이유를 주석(註釋)으로 공시한다.

③ 사회기반시설에 대한 사용수익권은 해당 자산의 차감항목으로 표시한다. 〈신설 2017. 2. 9.〉

제51조(무형자산의 평가) ① 무형자산은 당해 자산의 개발원가나 매입가액에 취득부대비용을 더한 가액을 취득원가로 한다.

② 무형자산은 정액법에 따라 당해 자산을 사용할 수 있는 시점부터 합리적인 기간동안 상각한다. 다만, 독점적·배타적인 권리를 부여하는 관계법령이나 계약에서 정한 경우를 제외하고는 20년을 넘을 수 없다.

제52조(자본적 지출과 경상적 지출) 자산취득 이후의 지출 중 당해 자산의 내용연수를 연장시키거나 가치를 실질적으로 증가시키는 지출은 자본적 지출로 처리하고, 당해 자산을 원상회복시키거나 능률유지를 위한 지출은 경상적 지출로 처리한다.

제53조(부채의 평가기준) 부채의 가액은 회계실체가 지급의무를 지는 채무액을 말하며, 채무액은 이 규칙에서 정하는 것을 제외하고는 만기상환가액으로 함을 원칙으로 한다.

제54조(지방채증권의 평가) ① 지방채증권은 발행가액으로 평가하되, 발행가액은 지방채증권 발행수수료 및 발행과 관련하여 직접 발생한 비용을 뺀 후의 가액으로 한다.

② 지방채증권의 액면가액과 발행가액의 차이는 지방채할인 또는 할증 발행차금으로 하고, 할인 또는 할증 발행차금은 증권 발행시부터 최종 상환시까지의 기간에 유효이자율 등으로 상각 또는 환입하고 그 상각액 또는 환입액은 지방채증권에 대한 이자비용에 더하거나 뺀다.

제55조(퇴직급여충당 부채의 평가) ① 퇴직급여충당 부채는 회계연도말 현재 「공무원연금법」을 적용받는 지방공무원을 제외한 무기계약근로자 등이 일시에 퇴직할 경우 지방자치단체가 지급하여야 할 퇴직금에 상당한 금액으로 한다. 〈개정 2009. 12. 31.〉

② 퇴직금 지급규정, 퇴직금 산정내역, 회계연도 중 실제로 지급한 퇴직금 등은 주석(註釋)으로 공시한다.

제56조(채권·채무의 현재가치에 따른 평가) ① 장기연불조건의 매매거래, 장기금전대차거래 또는 이와 유사한 거래에서 발생하는 채권·채무로서 명목가액과 현재가치의 차이가 중요한 경우에는 이를 현재가치로 평가한다.

② 제1항의 현재가치는 당해 채권·채무로 인하여 받거나 지급할 총금액을 적절한 이자율로 할인한 가액으로 한다.

③ 제2항의 적절한 할인율은 당해 거래의 유효이자율을 적용한다. 다만, 당해 거래의 유효이자율을 확인하기 어려운 경우에는 유사한 조건의 국채수익률을 적용한다.

④ 제1항에 따라 발생하는 채권·채무의 명목가액과 현재가치의 차액은 현재가치 할인차금의 과목으로 하여 당해 채권·채무의 명목가액에서 빼는 방식으로 기록하고 적용한 할인율, 기간 및 회계처

리방법 등은 주석(註釋)으로 공시한다.

제57조(외화자산과 외화부채의 평가) ① 화폐성 외화자산과 화폐성 외화부채는 회계연도 종료일 현재의 적절한 환율로 평가한 가액을 재정상태표 가액으로 한다. 〈개정 2014. 11. 28.〉

② 비화폐성 외화자산과 비화폐성 외화부채는 해당 자산을 취득하거나 해당 부채를 부담한 당시의 적절한 환율로 평가한 가액을 재정상태표 가액으로 함을 원칙으로 한다. 〈개정 2014. 11. 28.〉

③ 화폐성 외화자산과 화폐성 외화부채는 외화예금, 외화융자금, 외화차입금 등과 같이 화폐가치의 변동과 상관없이 자산과 부채금액이 계약 및 기타의 원인에 의하여 일정액의 화폐액으로 고정되어 있는 경우의 당해 자산과 부채를 말한다.

제58조(리스에 따른 자산과 부채의 평가) ① 리스는 지방자치단체가 일정기간 설비 등 특정 자산의 사용권을 리스회사로부터 이전 받고, 그 대가로 사용료를 지급하는 계약을 말한다.

② 리스는 금융리스와 운용리스로 구분하며, 금융리스는 리스자산의 소유에 따른 위험과 효익이 실질적으로 리스이용자에게 이전되는 리스이고, 운용리스는 금융리스 외의 리스를 말한다. 〈개정 2009. 12. 31.〉

③ 금융리스는 리스료를 내재이자율로 할인한 가액과 리스자산의 공정가액 중 낮은 금액을 리스자산과 리스부채로 각각 계상하여 감가상각하고, 운용리스는 리스료를 해당 회계연도의 비용으로 회계처리한다. 〈신설 2009. 12. 31.〉

제59조(우발상황) ① 우발상황은 미래에 어떤 사건이 발생하거나 발생하지 아니함으로 인하여 궁극적으로 확정될 손실 또는 이익으로서 발생여부가 불확실한 현재의 상태 또는 상황을 말한다.

② 우발상황에는 진행 중인 소송사건, 채무에 대한 지급보증, 배상책임 등이 포함되며, 우발상황은 다음 각 호와 같이 처리한다. 〈개정 2009. 12. 31., 2014. 11. 28.〉

1. 재정상태표 보고일 현재 우발손실의 발생이 확실하고 그 손실금액을 합리적으로 추정할 수 있는 경우: 우발손실을 재무제표에 반영하고 그 내용을 주석으로 표시

2. 재정상태표 보고일 현재 우발손실의 발생이 확실하지 아니하거나 우발손실의 발생은 확실하지만 그 손실금액을 합리적으로 추정할 수 없는 경우: 우발상황의 내용, 우발손실에 따른 재무적 영향을 주석으로 표시

3. 우발이익의 발생이 확실하고 그 이익금액을 합리적으로 추정할 수 있는 경우: 우발상황의 내용을 주석으로 표시

제60조(회계변경과 오류수정) ① 회계정책과 회계추정의 변경(이하 "회계변경"이라 한다)은 그 변경으로 재무제표를 보다 적절히 표시할 수 있는 경우 또는 법령 등에서 새로운 회계기준을 채택하거나 기존의 회계기준을 폐지하여 변경이 불가피한 경우에 할 수 있으며, 그 유형에 따라 다음 각 호와 같이 처리한다. 〈개정 2009. 12. 31., 2014. 11. 28., 2021. 1. 7.〉

1. 회계정책의 변경에 따른 영향은 비교표시되는 직전 회계연도의 기초순자산 및 그 밖의 대응금액을 새로운 회계정책이 처음부터 적용된 것처럼 조정한다. 다만, 회계정책의 변경에 따른 누적효과를 합리적으로 추정하기 어려운 경우에는 회계정책의 변경에 따른 영향을 해당 회계연도와 그

회계연도 후의 기간에 반영할 수 있다.

2. 회계추정의 변경에 따른 영향은 해당 회계연도 후의 기간에 미치는 것으로 한다.

3. 회계정책 또는 회계추정을 변경한 경우에는 그 변경내용, 변경사유 및 변경이 해당 회계연도의 재무제표에 미치는 영향을 주석으로 표시한다.

② 오류의 수정은 전년도 이전에 발생한 회계기준적용의 오류, 추정의 오류, 계정분류의 오류, 계산상의 오류, 사실의 누락 및 사실의 오용 등을 수정하는 것으로서 다음 각 호의 구분에 따라 처리한다. 〈개정 2009. 12. 31., 2014. 11. 28., 2021. 1. 7.〉

1. 중대한 오류: 오류가 발생한 회계연도 재정상태표의 순자산에 반영하고, 관련된 계정잔액을 수정한다. 이 경우 비교재무제표를 작성할 때에는 중대한 오류의 영향을 받는 회계기간의 재무제표 항목을 다시 작성한다.

2. 제1호 외의 오류: 해당 회계연도의 재정운영표에 반영한다.

③ 회계변경과 오류수정의 회계처리에 대한 사항은 주석으로 표시하되, 제2항제1호에 따른 중대한 오류를 수정한 경우에는 다음 각 호의 사항을 주석으로 포함한다. 〈개정 2009. 12. 31.〉

1. 중대한 오류로 판단한 근거

2. 비교재무제표에 표시된 과거회계기간에 대한 수정금액

3. 비교재무제표가 다시 작성되었다는 사실

제61조(재정상태표 보고일 이후 발생한 사건) ① 재정상태표 보고일 이후 발생한 사건의 회계처리에 대해서는 행정안전부장관이 정한다. 〈개정 2013. 3. 23., 2014. 11. 19., 2014. 11. 28., 2017. 7. 26.〉

② 재정상태표 보고일 이후 발생한 사건은 회계연도의 말일인 재정상태표 보고일과 「지방회계법」 제7조제3항에 따른 출납사무 완결기한 사이에 발생한 사건으로서 재정상태표 보고일 현재 존재하였던 상황에 대한 추가적 증거를 제공하는 사건을 말한다. 〈개정 2014. 11. 28., 2017. 2. 9.〉

[본조신설 2009. 12. 31.]

[제목개정 2014. 11. 28.]

부칙 〈제231호, 2021. 1. 7.〉

제1조(시행일) 이 규칙은 공포한 날부터 시행한다.

제2조(일반적 적용례) 이 규칙은 2021년도 회계연도부터 적용한다.